Despedidas

Dados Internacionais de Catalogação na Publicação (CIP)
(Câmara Brasileira do Livro, SP, Brasil)

Grün, Anselm
Despedidas : sobre a coragem de se desapegar e a força para seguir em frente / Anselm Grün ; tradução de Bruno Mendes dos Santos. – Petrópolis, RJ : Vozes, 2024.

Título original: Abschiede: aufbruch in neue welten.
ISBN 978-85-326-6638-3

1. Despedidas 2. Mudanças (Psicologia)
3. Perda – Aspectos religiosos 4. Relacionamentos
5. Transformação I. Título.

23-182375   CDD-248.4

Índices para catálogo sistemático:

1. Transformação : Mudanças de vida : Vida cristã   248.4

Tábata Alves da Silva – Bibliotecária – CRB-8/9253

Anselm Grün
Despedidas

Sobre a
coragem de
se desapegar
e a força para
seguir em
frente

Tradução de Bruno Mendes dos Santos

EDITORA
VOZES

Petrópolis

© 2022 Verlag Herder GmbH, Freiburg im Breisgau.

Tradução do original em alemão intitulado
Abschiede – Aufbruch in neue Welten. Von Mut loszulassen und der Kraft weiterzugehen editado por Rudolf Walter.

Direitos de publicação em língua portuguesa – Brasil:
2024, Editora Vozes Ltda.
Rua Frei Luís, 100
25689-900 Petrópolis, RJ
www.vozes.com.br
Brasil

Todos os direitos reservados. Nenhuma parte desta obra poderá ser reproduzida ou transmitida por qualquer forma e/ou quaisquer meios (eletrônico ou mecânico, incluindo fotocópia e gravação) ou arquivada em qualquer sistema ou banco de dados sem permissão escrita da editora.

CONSELHO EDITORIAL	PRODUÇÃO EDITORIAL
Diretor	Aline L.R. de Barros
Volney J. Berkenbrock	Marcelo Telles
	Mirela de Oliveira
Editores	Otaviano Cunha
Aline dos Santos Carneiro	Rafael de Oliveira
Edrian Josué Pasini	Samuel Rezende
Marilac Loraine Oleniki	Vanessa Luz
Welder Lancieri Marchini	Verônica M. Guedes
Conselheiros	**Conselho de projetos editoriais**
Elói Dionísio Piva	Luísa Ramos M. Lorenzi
Francisco Morás	Natália França
Gilberto Gonçalves Garcia	Priscilla A.F. Alves
Ludovico Garmus	
Teobaldo Heidemann	
Secretário executivo	
Leonardo A.R.T. dos Santos	

Revisão de originais: Alessandra Karl
Revisão gráfica: Anna Carolina Guimarães | Nilton Braz da Rocha
Diagramação: Littera Comunicação e Design | Editora Vozes
Capa: Eduarda Ribeiro

ISBN 978-85-326-6638-3 (Brasil)
ISBN 978-3-451-82830-0 (Alemanha)

Este livro foi composto e impresso pela Editora Vozes Ltda.

Sumário

Introdução – Nossas despedidas....................... 9
   Despedidas fazem parte da vida – Do início ao fim.... 11
   O que movia os monges – Despedida do mundo;
   abandono do ego................................ 21

Quando ocorrem situações que mudam tudo.......... 25
   Crise climática e choque da covid – Certezas perdidas,
   despedidas necessárias, consequências benéficas...... 27
   A ameaça de uma guerra – Lidar com o medo
   e a impotência e buscar a paz...................... 34
   Migração, deslocamentos, fuga – A caminho
   de um novo futuro.............................. 39
   Enfrentar a vida – Planos frustrados e desvios
   não planejados após golpes do destino.............. 48
   Quando a pressão é grande demais – Encontrando no
   desapego a própria medida e o próprio meio......... 56
   Ressentidos, machucados, traumatizados – Como
   as vítimas conseguem seguir a vida e reconciliar...... 61

Quando os relacionamentos mudam ou se acabam 69

Família – Viver o vínculo e encontrar a si mesmo
como um caminho para filhos e pais 71

Divorciar-se dói – Como a separação pode dar certo
quando os relacionamentos terminam 83

Ainda que os relacionamentos se transformem –
Não perder a esperança no amor................... 90

Puxar o freio de mão para ganhar uma nova liberdade –
Adeus às relações tóxicas 97

No meio da vida – Suportando perdas dolorosas...... 103

Dizer adeus ao poder, desapegar-se de papéis, superar o
pertencimento – Ao parar, chegar a uma nova vitalidade 105

Livrar-se disso? – É possível exercitar a despedida das
coisas e da posse 112

Quando orientações ideais antigas não se sustentam mais..121

Despedir-se de sonhos e metas de vida –
Abertura para o novo............................ 123

Não se orientar apenas por exemplos, mas tornar-se
propriamente autêntico 125

Despedida das antigas imagens de Deus – A caminho do
mistério da nossa vida........................... 131

Despedida das imagens da Igreja – De tradições
ultrapassadas a uma animada comunidade de fé...... 141

Quando as igrejas são demolidas ou reutilizadas –
Criando espaços de experiência espiritual 151

Indo ao encontro da última despedida 155

Envelhecimento e velhice – Despedindo-se das
capacidades e experimentando novas liberdades 157

Experiência de diminuição e fraqueza –
Esperança de conclusão 166
Quando se trata da morte – Por que as despedidas
são importantes, o que as torna difíceis e como
podem ser bem-sucedidas 171
No luto pela morte de pessoas queridas – Rituais que carregam ..181
Para que nossa vida dê frutos – Orientações bíblicas.... 191
Diante da morte – Mestres espirituais como guias para a vida.. 197

Vivendo em despedida – Dez atitudes 203

1. Aprender a diferenciar e aprimorar o olhar para o essencial..205
2. Libertar-se da ilusão de estar livre do sofrimento
e tratar com empatia quem sofre.................... 206
3. Suportar incertezas, mas partir para a vida com confiança.. 208
4. Questionar hábitos e ousar mudanças 209
5. Ter como se não tivesse e também experimentar
na renúncia a liberdade interior.................... 210
6. Ao lidar com pessoas: aprender a se desapegar,
mas também viver o compromisso 213
7. Não reprimir as experiências, mas desapegar-se e
integrar as lembranças 214
8. Despedida do egocentrismo, consciência de uma
vida em conexão 217
9. Cultura do tempo como cultura de vida: a arte de
começar, de terminar e de interromper................ 218
10. Finalmente viver – Grato pelo dom da vida 220

Conclusão... 223
Porta para uma nova liberdade 225

Referências 229

Introdução
Nossas despedidas

Despedidas fazem parte da vida
do início ao fim

As despedidas fazem parte de nossas vidas e também da normalidade de nosso cotidiano. Pela manhã nos despedimos das crianças que têm que ir à escola; de nossas parceiras e parceiros, quando vamos ao trabalho. No fim da tarde nos despedimos de nossos colegas de trabalho; dos vizinhos e conhecidos, quando nos mudamos para outra cidade. Quando nos despedimos dos amigos, combinamos de revê-los e aguardamos ansiosamente o próximo encontro. Os filhos e filhas se despedem quando se tornam adultos e se mudam da casa dos pais; até mesmo de coisas que quebraram ou que não podemos mais usar nós nos despedimos; e de pessoas queridas, quando elas morrem. Ao contrário de todas as despedidas anteriores, esta é a última e definitiva.

As despedidas têm algo de rotineiro; mas também podem ser experiências-limite: no início e até no fim. Começa com o nascimento; ou seja, quando o recém-nascido é separado da simbiose com a mãe, que por nove meses lhe ofereceu um lar. Com o parto e o corte do cordão umbilical, algo novo começa em nossas próprias vidas e continua até o "último adeus". A morte, que certamente nos aguarda a todos, muitas vezes ocorre sem que estejamos preparados para ela e dela não sabemos nada do que nos espera por trás de sua porta sombria. Nesse meio-tempo, descobrimos com bastante frequência, através da experiência, que viver e morrer fazem parte um do outro, pois mesmo na morte há vida. E a vida, em sua constante mudança, é sempre determinada também pela morte: morrer e tornar-se, dizer adeus e seguir em frente – essa é a lei da vida.

"Não ajuda. É preciso passar por isso"

As despedidas têm sempre uma dupla face. Uma face olha para trás, a outra, para a frente. Trata-se de ir embora e de se reintegrar e se "localizar" – conforme se exige dos refugiados que migraram nos últimos anos. É, também, uma questão de tempo, de passado e de futuro: há um antes e um depois. E o presente, muitas vezes vivido apenas na dor, o momento da separação. A despedida pode abrir uma "lacuna" – antes do próximo encontro. Ou então ela chega a uma conclusão, o que significa um fim, um término definitivo – e um novo começo, uma nova esperança: porta de entrada para novos mundos.

Na despedida há também a promessa de algo novo. Assim, é necessário passar pela dor da despedida para que a vida possa se renovar. Quem não ousa dizer adeus, fica suspenso em algo que o mantém no passado.

E as despedidas também se tratam de algo duplo em outro aspecto. Há aqueles que dão adeus e partem, talvez para novos horizontes; aqueles que permanecem – não apenas em caso de morte: os que ficaram para trás, os deixados para trás. Os requerentes de asilo, por exemplo, que após uma perigosa fuga vivem por aqui em abrigos improvisados, deixaram para trás seus parentes, um meio social e muitas esperanças em seu antigo lar. E também os profissionais de enfermagem de outros países, que hoje ajudam pessoas idosas em muitas famílias, quase sempre têm em casa seus filhos e seus próprios pais.

As despedidas também são pontos de virada: quem se despede vira-se e segue em outra direção. Sua vida toma um outro rumo. Nossos desligamentos e separações referem-se sempre a episódios de relacionamentos – seja o término recente de um relacionamento antigo ou a busca por um novo. Mesmo quando um vínculo é cortado, isso pressupõe o elo anterior e já o confirma. Uma porta pode se fechar. Uma porta pode se abrir. A vida continua. E mesmo quem se despede tem um novo caminho pela frente, mesmo que não lhe pareça fácil. Hilde Domin colocou isso em palavras em seu poema *Die schwersten Wege* [Os caminhos mais difíceis]: "Ficar parado e dar meia-volta / Não ajuda. É preciso passar por isso".

Emoções bem diferentes

Há todo um espectro de emoções que estão relacionadas, dependendo de quais despedidas estão em questão: o sentimento de alívio e esperança é tão possível quanto o de nostalgia e saudade, melancolia ou tristeza. As histórias ancestrais da Bíblia já sabem disso: os primeiros seres humanos foram expulsos do paraíso. Essa perda irremediável do estado ideal é algo bem diferente do despertar da esperança de um povo oprimido e seu "êxodo" para a tão almejada liberdade, mesmo que para isso tenha que abdicar de "panelas de carne". Paraíso e êxodo: ambos despedidas, ambos destinos da saudade.

E, naturalmente, é também diferente de quando alguém que passa a ser perseguido em seu emprego e que por meio de uma carta breve fica sabendo de sua demissão da instituição; ou alguém que, ao deixar o cargo, recebe as honras de uma grande celebração pública. Do mesmo modo, uma animada festa de despedida de solteiro nada tem em comum com um velório silencioso. Ou tomemos como exemplo uma mudança de casa: alegra-se aquele que pode finalmente sair de uma república de estudantes e ir para seu próprio apartamento. Mas, posteriormente, quando alguém se muda de suas quatro paredes privadas e familiares para um lar de idosos, a mudança pode ser muito difícil. Há mesmo despedidas bem diferentes: forçadas, impostas e simples, voluntárias, abruptamente repentinas, furtivas, que mal se percebem, temporárias e permanentes, bem-sucedidas e infelizes, dignas e indignas, revigorantes e humilhantes, descomplicadas e com muitos tropeços, de partir o coração. Aquelas em que no final, com só um pouco de tristeza, canta-se *Sag beim Abschied leise Servus* [ao se despedir, diga tchau em voz baixa]. Mas há também sempre aqueles que são aclamados com um libertador suspiro de alívio: *Até que enfim!*

Tudo está mudando

As despedidas mudam, especialmente em uma época de mobilidade global e acessibilidade técnica permanente através da internet. Antigamente, aqueles que se mudavam para o exterior muitas vezes ficavam incomunicáveis durante anos. Hoje, as distâncias entre continentes não são mais um problema. Os estudantes que fazem um ano de intercâmbio no exterior têm a oportunidade técnica de estar perto de seus pais através do som e da visão, estejam eles vivendo por um curto período na Austrália ou de modo permanente na América do Norte. Mas quando um casal termina o relacionamento com um simples clique pelo WhatsApp, isso também faz parte da nova era – e dessa forma fica ainda mais doloroso para a pessoa "rejeitada". Em geral: o mundo globalizado, que está mudando tão velozmente, possibilitou uma maior proximidade e produziu acessibilidade. Mas os efeitos de guerras, os fluxos de refugiados, as migrações em massa e os milhões de lares perdidos também fazem parte das experiências de nosso presente.

> Dizer adeus pode ser um ato poderoso e positivo
> quando, em uma situação de vida estagnada,
> toma-se uma decisão consciente e
> desenha-se um novo objetivo.

Não somos afetados apenas como indivíduos. Hoje mesmo estamos passando pela experiência de que muitas coisas estão mudando e elas não estão somente em nossas mãos. Subitamente, isso diz respeito a todos. Certezas estabelecidas estão sendo descartadas em muitas áreas e a "normalidade" parece não existir mais. As consequências são o medo e a impotência. A coragem para abandonar conscientemente velhos hábitos e a força para progredir ativamente são então necessárias de muitas maneiras. Nessas transformações não são apenas as igrejas que estão envolvidas e bastante inseguras. As coordenadas da nossa sociedade inteira também estão mudando com as rápidas transformações. Não são apenas as guerras cada vez mais próximas que nos ameaçam. Também somos profundamente afetados por uma catástrofe climática que ameaça a vida na Terra como um todo. Estamos sentindo as consequências de um repentino surto pandêmico que mudou nossa noção de normalidade. Isso é diferente de quando as relações individuais mudam e se rompem ou quando as perdas têm que ser enfrentadas no meio da vida. Mas tais transformações externas também nos apresentam a tarefa de deixar algumas coisas de lado, tomar coragem apesar de tudo e confiar que novos caminhos se abrirão para um futuro de sucesso.

"Dizer adeus é a pior experiência, a pior de todas as palavras para mim", disse-me alguém cuja esposa havia morrido recentemente. E assim é quando se tem que se separar do que é belo, do que é vivido intensamente, do que é familiar e que deixa feliz. Mas dizer adeus pode ser também um ato poderoso e positivo quando, em uma situação de vida estagnada, toma-se uma decisão consciente e desenha-se um novo objetivo. É um alívio quando alguém pode abandonar um trabalho degradante, sacudir-se de obrigações limitadoras ou de fardos não escolhidos, ou finalmente se libertar de um relacionamento difícil: "Nunca mais!"

"Poder partir. E ainda ser como uma árvore" – O que os artistas veem

Se a experiência do não permanente – a experiência da mutabilidade e da fugacidade – é tão central para a vida, é importante contar sobre ela, para mantê-la na consciência e na memória. Portanto, não é de se admirar que o assunto aparece em muitos poetas e escritores, como experiência humana básica, mas também como desafio: "É preciso ser capaz de partir". E, ainda assim, ser como uma árvore", diz, por exemplo, novamente, Hilde Domin, escritora exilada, no poema "*Ziehende Landschaft*" [Paisagem movente]. Sobre esse tema, Peter Schünemann reuniu poesia, prosa narrativa e cartas de poetas de diversos séculos no livro *Lauter Abschiede* [Despedidas ruidosas]. Despedida da infância ou de uma época que não volta mais, despedida quando um amor acaba, na perda do lar, da terra natal, na morte, na destruição das guerras. Em seu prefácio ele diz que "a grande literatura, lida de perto, é sempre uma de despedida, testemunho da experiência mais dolorosa de todas" (Schünemann, 1996, p. 12). Não podemos ler tais textos sem entrar em contato com nossas próprias experiências de despedida. Os poetas nos dão palavras com as quais

A arte nos põe em contato com nossas próprias experiências de despedida. Quando enfrentamos essas experiências dolorosas, então cresce em nós a esperança de que não ficaremos presos a elas, mas sim que ousaremos sempre começar de novo.

podemos exprimir experiências individuais e pessoais. Mesmo que esses textos sejam frequentemente muito tristes e depressivos, neles já brilha a "luz da noite", "que está acima da linha quebrada do horizonte de despedida" (Schünemann, 1996, p. 16).

"Longe não pode mais estar ela/a morte", assim começa um poema escrito por Reiner Kunze para seu próprio aniversário de 85 anos e, nele, os versos: "Mas eu digo, antes que eu/ não possa mais fazer isso:/ Passar bem!/ Curvem-se às velhas árvores e saúdem tudo o que é belo por mim". Não só a beleza, a natureza e a alegria de viver, mas também a transitoriedade é abordada aqui. Também é essencial o pedido de configurar conscientemente uma despedida: Curvar-se – esse é um ritual consciente.

O júbilo da vida, mas também a dor: "suspiros, lágrimas, preocupações, necessidade" – como se diz numa cantata de Bach –, mas também o consolo – especialmente na música, a mais transitória de todas as artes –, eles estão numa forma que se pode ouvir. As grandes obras de Bach, Schubert, Schumann, Mozart ou Mahler testemunham isso. Um exemplo famoso de uma despedida dolorosa que leva o cantor cada vez mais ao desespero e à tristeza é *Winterreise* [Viagem de inverno]. A letra é de Wilhelm Müller, que Franz Schubert musicou com maestria.

Já na primeira canção se canta a dor da despedida: "Estrangeiro eu me mudei para cá,/ Estrangeiro eu me mudo daqui de novo./ Maio foi gentil comigo/ Com alguns ramos de flores./ A moça falou de amor,/ A mãe até de casamento – Agora o mundo está tão nebuloso,/ O caminho está coberto de neve". A despedida da amada conduz aqui ao frio desolador e a uma terra estrangeira. Sentimos o desespero daqueles que se despedem, a dor da despedida, que aqui não leva a um novo começo, mas a uma permanente tristeza e solidão. Precisamente por causa disso, porém, *Winterreise* nos coloca em contato com nossas próprias experiências de despedida. Quando enfrentamos essas experiências dolorosas, então cresce em nós a esperança de que não ficaremos presos a elas, mas sim que ousaremos sempre começar de novo.

> *Os poetas nos dão palavras com as quais podemos exprimir experiências individuais e pessoais. Mesmo que esses textos sejam frequentemente muito tristes e depressivos, neles já brilha a "luz da noite".*

Esse tema também é expresso em canções da música popular. Assim, a canção provavelmente mais famosa do cantor-poeta Reinhard Mey *Gute Nacht, Freunde* [Boa noite, amigos] se encaixa bem em nosso contexto, justamente porque se apresenta tão corriqueiramente lapidar e ainda toca o nervo das coisas de uma forma tão típica quanto suave: "Está na minha hora de ir/ O que eu ainda tinha para dizer/ Demora um cigarro/ e um último copo, em pé".

Mesmo que fumar não seja mais um hábito tão comum hoje – aqui também está um sinal de que ao se despedirem as pessoas gostam de recorrer a rituais para expressar coisas que estão em seu coração. O laconismo é reforçado por esse breve adiamento, que, no entanto, também enfatiza e reforça algo importante. No poema de Reinhard Mey é o agradecimento: agradecimento pelo dia passado juntos, pela noite embaixo de um teto e pelo lugar à mesa dos amigos, por cada copo que lhe foi oferecido – e também: "Pelo prato que vocês me colocaram junto aos seus/ Como se nada no mundo fosse tão evidente".

Viver em despedida significa permitir crescer o novo

Seja no agradecimento ou na melancolia, as despedidas são uma característica da vida, tanto as maiores quanto as menores.

Rainer Maria Rilke formulou assim no verso final de sua oitava *Duineser Elegie* [Elegia de Duíno]: "Assim vivemos e sempre nos despedimos". A despedida, por mais diversa que nos encontre, permanece sempre um central e desafiador tema da vida.

Nisso há ainda a questão de como conseguimos nos despedir e como podemos viver com a consciência de que sempre precisaremos nos despedir. Como o conhecimento das muitas despedidas influencia nossa vida no aqui e agora? Despedidas que muitas vezes nos atingem de forma inesperada, despreparada e nunca, de forma alguma, serena.

Hermann Hesse escreve em seu famoso poema *Stufen* [Etapas]: "Devemos andar felizes de espaço em espaço,/ E a nenhum nos apegar como a um lar"[1]. Isso pode ter um efeito provocador sobre as pessoas afetadas. Dizer adeus pode também ser visto como um requisito para uma boa vida? Como um impulso para mudar nossa vida, para redirecioná-la? Essa é a questão central sobre a qual eu gostaria de refletir neste livro, observando muitas áreas da vida, olhando para experiências de despedida nas histórias de vida das pessoas e tentando estar atento ao que é, sobretudo, o mistério da despedida.

Portanto, é importante olhar de perto e assumir a perspectiva correta: o que isso faz conosco? Como essas experiências de perda nos transformam? E como seguimos em frente? Na despedida há também a promessa de algo novo. Assim, é importante passar pela dor da despedida para que a vida possa se renovar. Quem não ousa dizer adeus, fica suspenso em algo que o prende no passado. É incapaz de seguir em frente, de deixar crescer coisas novas em sua vida e de explorar novos espaços.

---

1. Tradução de Karin Bekk de Araújo (2003).

As pessoas vão ler este livro tendo por base experiências bastante distintas e se sentirão interessadas por meio de situações bastante distintas. Por isso, também vou relatar muitos exemplos neste livro. Porque, muitas vezes, ao ouvirmos experiências concretas de despedida e perceber diretamente como as outras pessoas lidam com elas, nossos corações ficam mais tocados do que com as explicações teóricas. Um grande espaço será ocupado também por experiências relacionadas com a morte e com o processo de morrer. Pois essa despedida de pessoas queridas muitos de nós já vivenciamos e ela nos espera a todos, quando nós mesmos morrermos. Como podemos nos preparar para essas despedidas? E o que nos espera quando passarmos por esse último portal?

Por fim, eu gostaria de resumir todas as experiências que surgem neste livro em atitudes concretas que podem ser praticadas e que preparam para uma vida de despedidas. Isso não significa, de modo algum, negar a dor em determinadas situações. Ela pode ser dura, muito pesada mesmo. Também não significa cobrir com um véu cinza a existência ou mesmo cair em depressão. Pelo contrário, significa a cultura de uma boa vida, uma vida ciente de sua finitude e limitação. Mas, justamente por isso, também ciente de sua preciosidade. E que por ela é muito grata.

O QUE MOVIA OS MONGES
DESPEDIDA DO MUNDO; ABANDONO DO EGO

Um olhar sobre a tradição espiritual

Minha visão sobre a vida e sobre o tema da "despedida" também é marcada pela relação com uma tradição espiritual. Pois o significado de despedida também podemos aprender dos primeiros monges que, nos séculos III e IV, se despediram conscientemente do mundo e de uma Igreja que, para eles, havia perdido seu propósito original. A experiência deles me mostra, e pode nos mostrar a todos, como a despedida se torna a partida para uma nova vitalidade, até mesmo a uma nova liberdade. Afinal de contas, também hoje seguimos ideais e tentamos moldar nossas vidas de uma forma que corresponda a esses ideais. Lemos livros de espiritualidade, mergulhamos em obras filosóficas, temos nossos autores favoritos e encontramos conforto em nossa fé e na comunidade da Igreja. Muitas vezes, porém, a vida também exige que nos despeçamos de modelos antigos, de hábitos adquiridos, de ideais e imagens aos quais estão acostumados. Quando velhas orientações não se sustentam mais, é importante procurar por novas. Um olhar sobre a história da prática monástica me mostra uma perspectiva que – com todas as diferenças – também vale a pena considerar hoje.

> ....
> Um olhar sobre a experiência dos monges me
> mostra, e pode nos mostrar a todos,
> como a despedida se torna escala de
> emoções, a partida para uma nova vitalidade,
> até mesmo a uma nova liberdade.
> ....

Os monges exilaram-se do mundo para sozinhos, no deserto, buscarem a Deus. A despedida do mundo por eles tornou-se marcante para a vida espiritual de muitas pessoas. Colocar-se a caminho de Deus não significa necessariamente exilar-se do mundo como os monges. Mas requer uma despedida interior do mundo. Paulo expressa isso da seguinte forma: "Quanto a mim, não pretendo jamais gloriar-me a não ser na cruz de nosso Senhor Jesus Cristo. Por ela o mundo está crucificado para mim e eu para o mundo" (Gl 6,14). Isso significa que ele não se define mais por padrões que medem o valor de uma pessoa de acordo com seu reconhecimento externo, seus êxitos e sua posição na sociedade. O encontro com Jesus Cristo possibilitou a ele uma qualidade de vida totalmente nova.

A pergunta central: Como alcançamos liberdade e satisfação?

Essa atitude deixou recorrentemente um traço espiritual na história do cristianismo. Nas cantatas de Johann Sebastian Bach, por exemplo, a despedida do mundo é um tema recorrente. Em *Seht, welch eine Liebe hat uns der Vater erzeiget* [Vede com que grande amor o Pai nos amou] (BWV[2] 64), o soprano canta: "O que o mundo guarda em si passa como fumaça. Mas aquilo que Jesus me dá e que minha alma ama permanece firme e eterno". Bach compôs essa ária em uma melodia alegre. Para ele, essa despedida do mundo não é algo triste e angustiante, mas leva antes à alegria e liberdade interior.

Em segundo plano permanece ainda esta pergunta: Como alcançar nesta vida a liberdade e a satisfação? Os monges antigos falam da morte não apenas como falecimento no final

---

2. BWV é a sigla de Bach-Werke-Verzeichnis, o Catálogo de Obras de Bach [N.T.].

da vida, mas de uma vida que é um constante morrer, uma constante despedida do mundo. Mas esta separação do mundo leva a uma maior liberdade interior. Assim diz um ditado dos pais: Um irmão perguntou ao velho pai Moisés: "Eu vejo uma tarefa diante de mim e não consigo realizá-la". Então o velho lhe disse: "A menos que você se torne um cadáver como os sepultados, você não vai conseguir realizá-la" (Apo[3], p. 505). A ideia de ser sepultado nos liberta de toda a pressão de ter que provar para nós mesmos, de ter que resolver a tarefa perfeitamente, de ter que parecer bem diante das pessoas. A concepção de morrer para o mundo nos liberta para a alegria e serenidade interior.

É disso que se trata: libertar-se do ego

Conta-se que Macário, o Grande, deu a um jovem monge, que lhe perguntara como poderia ter uma vida bem-sucedida, a tarefa de primeiro zombar e depois elogiar os mortos no cemitério. Quando o jovem monge voltou do cemitério, Macário lhe disse: "Você sabe o quanto você os injuriou e eles não lhe responderam – e o quanto você os elogiou e eles não lhe disseram nada. Assim você também deve ser se quiser alcançar a salvação. Torne-se um cadáver, não dê atenção à injustiça das pessoas, nem aos seus elogios – assim como os mortos, e você será salvo"! (Apo, p. 476).

Morrer para o mundo significa não se definir nem pelo elogio nem pela desaprovação, mas somente por Deus. Isto também é o que os budistas chamam de morte do eu. Deve-se deixar o ego morrer. Entretanto, não se trata de matar o eu,

---

3. "Apo" é a abreviação que o autor usa para citar referências à obra *Apophtegmata Patrum* (séc. V d.C.), uma coletânea de apotegmas dos Padres do deserto [N.T.].

pois o eu é também uma importante fonte de energia. Mas, como dizem os budistas, trata-se de ficar livre do eu, não se apegar ao ego. A "despedida do mundo" – entendida dessa forma – nos conduz a uma vida de serenidade e liberdade interior. A atitude da serenidade, à qual Mestre Eckhart nos convida, pode tornar a despedida mais suportável. A serenidade sempre tem a ver com o deixar e o deixar ir. Deixamos o velho para nos aventurarmos ao novo. E o novo sempre vem ao nosso encontro, muitas vezes, de modo inesperado e com uma força que põe em xeque tudo o que era antes.

....
Morrer para o mundo significa não se definir nem pelo elogio nem pela desaprovação,
mas somente por Deus.
....

Quando ocorrem situações que mudam tudo

Crise climática e choque da Covid
Certezas perdidas, despedidas necessárias, consequências benéficas

"O mundo uma nuvem, sem regras"

Abschiede [Despedidas] é o título de um texto escrito em 2020 pelo autor holandês Cees Nootebom. Ele o chama de "poema da era do vírus". Nele, ele recorda "o aviso que ninguém queria ouvir, sempre/ a mesma coisa". Nós não queríamos reconhecer aquilo que agora nos ameaça. O poeta encontra uma imagem veemente para nossa situação: "O mundo uma nuvem/ sem regras": tudo confuso e instável, portanto, assim como a própria natureza? E o futuro tão nebuloso como a resposta a uma pergunta sobre as perspectivas? O poema, de qualquer modo, faz a pergunta: "O fim do fim, o que poderia ser?"

O que poderia ser esse "fim do fim"? Aquilo do qual temos que nos despedir poderia se tornar também o início de algo novo?

Por um lado, é evidente: a natureza é uma realidade que temos que ver de novo e que não podemos manipular à vontade. Ela nos mostra os limites dentro dos quais temos que lidar com ela. Devemos dar adeus à ilusão de que podemos explorá-la à vontade ou mesmo controlá-la para nossas próprias finalidades. Não sabemos se e quando uma nova pandemia irá ocorrer. E não temos ideia de que desastres naturais, como terremotos, enchentes ou tornados, podem nos ocorrer e até que ponto a mudança climática afetará ou destruirá nossa subsistência.

Uma espada de Dâmocles

A mudança climática paira sobre nós como uma espada de Dâmocles. O movimento *Fridays for Future* [Sextas-feiras pelo futuro] abalou muitas pessoas. Há jovens que entram em pânico quando pensam em seu futuro e que têm uma grande raiva em relação à geração que atualmente está no comando. Há a fala de uma pessoa de 17 anos, membro de uma comunidade ativista pelo movimento ambiental chamada *Aufstand der letzten Generation* [O levante da última geração]: "Quem agora ainda tiver esperança é cínico". Outro jovem diz em uma pesquisa: "Principalmente as gerações mais velhas, porém mais fortes demograficamente, destruíram e estão destruindo minhas perspectivas de viver em uma Terra saudável e em uma sociedade pacífica". Os mais velhos, por outro lado, perguntam não menos temerosamente: "O que está por vir para nossos filhos? Como meus netos, de 4 e 2 anos de idade, (sobre)viverão em 20 anos?"

Tiramos proveito do nosso estilo de vida com todas as possibilidades positivas e pensamos que tínhamos pleno direito a ele. É preciso dizer adeus a isso.

Já tivemos a experiência, nos últimos anos, de saber que verões secos e quentes sobrecarregam as pessoas e a natureza, e que também aqui tem chovido menos na primavera e no outono. Embora houvesse avisos (o relatório do Clube de Roma foi publicado há mais de 50 anos), vivemos durante décadas na crença cega de que o crescimento econômico constante e o aumento da prosperidade são possíveis. Temos que dar adeus a essa concepção porque ela não dá atenção às limitações naturais de nosso planeta. Estudos científicos sobre a mudança climática calcularam e mostraram os limites para o crescimento: se continuarmos como fizemos até agora, espera-nos até 2100 um mundo que estará de 3 a 4 graus mais quente, em média. Isso teria consequências apocalípticas: elevação do nível do mar, secas catastróficas, escassez de água, tempestades extremas. Os cientistas descrevem as consequências catastróficas que uma inflexão irreversível do clima terá para a vida de nosso planeta. Podemos nos assegurar contra tudo. Mas quando a mudança climática faz com que costas inteiras afundem com a subida da água do mar; quando ondas de metros de altura arrancam casas inteiras e destroem vilarejos com grande velocidade, como aconteceu no vale do Rio Ahr em 2021 e na Austrália em 2022, onde extensas faixas de terra foram devastadas, então não será apenas em nossa parte do mundo que muitas pessoas terão que se despedir de seu lar ou cancelar destinos de férias favoritos no futuro. Então será afetada a subsistência de muitas pessoas ao redor do mundo. Naturalmente, também houve épocas de fome no passado. No século XIX elas levaram muitas pessoas a emigrar; hoje, porém, nós na Europa não sabemos para onde poderíamos emigrar, porque, em qualquer lugar, o mundo está inseguro. Sim, em outros lugares está obviamente ainda pior. Afinal, muitas pessoas fogem para a Europa porque aqui esperam um bom futuro para si mesmas. Então, temos que pensar nisso agora, usar nossa imaginação e elaborar planos que transcendam o presente. Devemos tornar concebível como podemos manter nosso planeta Terra, nossa casa em comum, um lugar intacto, habitável e digno de se viver, também para as gerações futuras. A visão do bilionário Elon Musk de emigrar para Marte, para tornar possível continuar vivendo lá, não é, de todo modo, uma visão que eu acho que devemos buscar.

Não temos as rédeas da natureza

A pandemia também sacudiu nossas vidas, pois estávamos convencidos de que epidemias como a peste [2] ou a cólera eram coisas do passado e que grandes crises sanitárias eram improváveis, pelo menos nos países ricos. Então, a pandemia manteve o mundo inteiro em estado de tensão durante anos e nos mostrou drasticamente como nossa vida em geral é instável e está em perigo, também neste país. Não temos as rédeas da natureza, nem mesmo de modo geral. O vírus não parou em uma fronteira nacional e ameaçou a saúde das pessoas em todo o mundo. Em abril de 2020, quando caminhões militares atravessaram a noite na cidade de Bérgamo transportando caixões de vítimas da covid, muitas pessoas perceberam pela primeira vez que a morte, que gostamos de reprimir, está sempre presente em nossa sociedade. A pandemia, durante a quarentena, restringiu nossos contatos sociais e nossa liberdade de ir e vir e tornou o isolamento dolorosamente perceptível. Também nos obrigou a dar adeus a velhos hábitos – não apenas o hábito de viajar a países distantes nas férias, ou o hábito trivial de ir a um restaurante, a um concerto de música ou a uma apresentação de ópera com outras pessoas a qualquer momento –, ela demonstrou que não podemos simplesmente continuar vivendo assim, e também colocou questões sobre nossos valores e nosso estilo de vida. Usufruímos do nosso estilo de vida com todas as possibilidades positivas e pensamos que tínhamos pleno direito a ele. A crise exige consequências também para nosso cotidiano: como nos alimentamos, como habitamos, como viveremos nossa mobilidade no futuro.

Do que teremos que nos despedir definitivamente? Certamente não só da ideia de que tudo é trivial, mas também da ilusão de que sempre tínhamos sempre as rédeas de nossas vidas e que podíamos controlar o mundo como um todo. Mesmo a

> *Não devemos permanecer na impotência. Devemos refletir como poderia ser uma transformação de nossas vidas para que a esperança continue sendo possível e como realizaremos essa transformação.*

típica "pessoa de ação" tem que dar adeus às suas fantasias de onipotência e se contentar com sua limitada capacidade de moldar o mundo. Mas, apesar de suas limitações, deve aplicá-la de forma consciente e com propósito. O que todos nós temos de aprender: suportar a incerteza é parte essencial do ser humano.

Questões sobre o estilo de vida de cada indivíduo

É claro que muita coisa tem que mudar no macro, na política, na economia e na sociedade. Mas também dói para o indivíduo dar adeus aos hábitos que se tornaram apreciados. Por exemplo, quando nosso comportamento de mobilidade é questionado, é justificável que peguemos tantos voos, que planejemos viagens de férias cada vez mais distantes ou que transitemos de carro para todo lado? Podemos ainda justificar nosso consumo de carne tendo em vista a mudança climática? Hoje, temos uma nova consciência do quanto nosso próprio estilo de vida contribui para a mudança climática. Fala-se da pegada de carbono no ambiente, ou seja, o impacto de nossas ações sobre o clima. Ele atinge a todos os nossos ciclos de vida, nossos hábitos alimentares, o consumo de água ao tomar banho e regar o gramado, nosso consumo de energia na calefação, no funcionamento de aparelhos elétricos e no transporte, seja de carro, avião ou trem. Pressentimos que não podemos mais simplesmente continuar como antes. Algumas pessoas têm medo de se despedir dos hábitos que lhes são caros. Outros temem que nossas vidas sejam deturpadas pela vociferante moralização se cada passo que damos for examinado por moralistas ambientais. É necessária uma abordagem consciente e ao mesmo tempo livre para nosso estilo de vida.

Apelos morais não são suficientes

Não devemos ficar apenas observando as crises. Devemos, ao mesmo tempo, considerar como nossas vidas podem ser remodeladas para que a esperança continue sendo possível, para que as portas para um futuro melhor se abram e nosso mundo possa estar seguro e digno de se viver também para nossos descendentes. Parte disso é percebermos efeitos positivos. Ficou nítido para nós como a desaceleração pode nos fazer bem, como a proximidade humana é valiosa e como os contatos sociais imediatos são importantes. Mostrou-se o quanto pode ser dispensado: por exemplo, que as videoconferências podem tornar desnecessárias as dispendiosas viagens de negócios. E um estudo mostrou que as emissões globais de CO_2 no primeiro ano da pandemia foram reduzidas em 7% porque houve menos tráfego e menos produção: essa é aproximadamente a quantidade que precisaríamos anualmente para atingir a meta climática. Só apelos morais, obviamente, não garantirão a transformação, mas uma relação espiritual mais profunda com a natureza poderia ajudar. A relação espiritual também quer abrir nossos olhos para a beleza da natureza. Em alemão, a palavra "belo" [*schön*] está relacionada a "olhar" [*schauen*] e "proteger" [*schonen*]. Não posso possuir o belo. Só posso olhar para ele. Ao olhar, eu me esqueço de mim mesmo e deixo o belo ser. E o belo eu também vou proteger.

Muitas coisas são dispensáveis. Reconhecer isso também faz economizar uma energia vital. Continuar simplesmente com nossos hábitos de antes, sem analisar nosso comportamento, é uma coisa do passado à qual devemos dar adeus.

Portanto, trata-se também de olhar para as possibilidades positivas que se abrem para nós por meio destas crises que nos impelem a dizer adeus a velhos padrões. A redução do consumo protege nosso meio ambiente. Podemos novamente desfrutar mais da natureza. Reservamos tempo para caminhadas mais lentas, para conversar um com o outro, em vez de pegar jatos para o mundo todo. Ganhamos uma nova sensibilidade para a beleza da vida, para o valor de um encontro e para a dimensão mais profunda de nossas vidas. Reservamos mais tempo para fazer uma pausa interna e descobrir no interior do espaço no qual nos sentimos em casa conosco mesmos. Assim, o novo estilo de vida após se despedir do antigo não será escasso nem duro. Ao contrário, assume uma qualidade diferente: a qualidade da atenção e da gratidão e a abertura à fonte de energia da beleza.

A AMEAÇA DE UMA GUERRA
LIDAR COM O MEDO E A IMPOTÊNCIA E BUSCAR A PAZ

Uma experiência chocante

Desde 2022, temos sido confrontados com o fato de que guerras destrutivas estão ocorrendo também em nossa parte do mundo, na Europa. Para a maioria das pessoas que não vivenciaram a Segunda Guerra Mundial propriamente dita e em cujas histórias de família a experiência da guerra nunca foi abordada, para pessoas que nunca haviam elas mesmas vivido em áreas de conflito no mundo, não parecia uma concepção realista que ainda vivenciariam uma enorme ameaça de guerra nas proximidades. Após a Segunda Guerra Mundial e durante o esforço de reconstrução econômica demos nossas costas para essa história de catástrofes. E após o colapso do comunismo, passamos a acreditar que o mundo era estável e que poderíamos viver juntos em paz. A confiança em uma coexistência organizada por regras havia determinado nosso sentimento de segurança. Isso mudou.

Certezas e seguranças estão abaladas

A globalização nos conectou uns aos outros em muitas áreas. Nosso mundo tecnológico depende de chips, que por sua vez necessitam de matérias-primas que são produzidas ou extraídas em outros países. A globalização despertou em nós a concepção de que estamos interconectados economicamente de uma forma tão mutuamente benéfica a todos que ninguém no mundo iniciaria uma guerra para destruir esse proveito mútuo. Mas os acontecimentos recentes nos mostram que também tivemos que nos despedir da ilusão de nações com intenções pacíficas. O mal é tão real e poderoso hoje em dia como era em tempos passados. A conscientização e a educação de muitas pessoas não são garantias de que tendências nacionalistas e subconscientes não levarão repentinamente a conflitos violentos e guerras brutais.

E, no final das contas, o perigo da guerra ou a realidade da guerra: "Infelizmente, é guerra – e eu não quero ser o culpado por isso". Essa canção de guerra escrita após a devastadora Guerra dos Sete Anos, *Kriegslied* [Canção de guerra] (1778), de Matthias Claudius, torna-se de repente bastante atual. Calculamos mal os riscos e nos agarramos à certeza de que a era das guerras, pelo menos em nossa latitude, havia terminado. Também não tenhamos sequer percebido ou reprimido o fato de que, em 2020, ocorreu um total de 29 guerras e conflitos armados, a maioria deles longe: do Mali ao Mianmar, da Líbia, Iêmen e Síria ao Sudão do Sul ou à Colômbia. Desviando o olhar, desenvolvemos internamente uma indiferença quanto à necessidade e ao sofrimento dos outros. Também reprimimos a realidade das armas nucleares que podem ser utilizadas em qualquer parte do mundo. Elas ainda são um perigo constante. Após fevereiro de 2022, sentimos de repente o quanto a paz é incerta e o quanto as soluções são difíceis. Desespero desamparado, assombro, o sentimento de impotência – essa foi a reação geral. Vimos que argumentos racionais ou humanitários não têm efeito contra reivindicações de poder impostas à força. Por experiência, vimos que a diplomacia não tem chance quando um país simplesmente quebra acordos. Dói dizer adeus à ideia de que os problemas do mundo

> *Se apenas reagimos paralisados ao sofrimento das pessoas, não ajudamos ninguém e prejudicamos a nós mesmos. Nossas orações e ações trazem esperança para o mundo, esperança de paz e esperança de uma nova convivência.*

podem ser sempre resolvidos por meio de uma diplomacia inteligente. Obviamente, há o mal que não pode ser resolvido pela conversa, com o qual é preciso contar e resistir com firmeza – mesmo que não se saiba as consequências.

Não se deixar paralisar pela impotência

É importante dizer adeus a uma atitude que fecha os olhos para o mal, para o potencial catastrófico, para o poder destrutivo que irrompe na natureza e se esconde nos próprios seres humanos. Mas isto não deve levar a um fatalismo. Não devemos desviar o olhar indiferentes. Mas também não devemos nos permitir ficar paralisados diante do sofrimento que vivenciamos na catástrofe de uma guerra. Desta forma, não ajudamos ninguém e só prejudicamos a nós mesmos. Como indivíduos, sentimos nossa própria impotência. Porém se projetamos nossa impotência, que sempre sentimos dentro de nós, nos desdobramentos da guerra, contra os quais somos impotentes, então isso reforça nossa impotência em moldar bem nossas vidas. Por isso, é importante que, antes de mais nada, apesar de toda a nossa solidariedade em relação àqueles que sofrem, façamos distinção entre a situação deles e a nossa. Precisamos de uma posição própria, para que, diante do sofrimento, ainda possamos viver nossas vidas. Então é uma questão de reagir ativamente e não ser indiferente nem derrotista. A oração pode ajudar em tal situação, pois ela é uma forma de reação ativa. Fazemos algo: dirigimo-nos a Deus.

Se no meio do caos deste mundo conflituoso temos um refúgio interno, não fechamos nossos olhos para a dilaceração do mundo. Mas os problemas deste mundo se colocam em perspectiva. E sentimos em nós mesmos um lugar a partir do qual podemos entrar neste mundo, com toda a esperança de que a paz, que está em nós, também através de nós, espalhe-se pelo mundo.

Também confiamos em que nossa oração terá algum efeito sobre as pessoas. Outra forma de reação ativa é engajar-se ativamente na ajuda. Se para isso também unirmos forças com outras pessoas, fortalece nosso poder de fazer alguma coisa com nossas próprias mãos e, quando reagimos ativamente, não nos sentimos mais paralisados. Se, por outro lado, só reagimos paralisados ao sofrimento das pessoas, com isso não ajudamos a ninguém e prejudicamos a nós mesmos.

Ser o fermento da paz

Em tempos de guerra, temos a experiência de ver como as mentiras em massa destroem as relações. O que podemos fazer sobre isso, em nosso próprio meio? A reconciliação começa com uma linguagem conciliadora. Portanto, podemos estar atentos à nossa própria língua. Percebemos que um uso agressivo da linguagem atiça as inimizades e aprofunda as divisões. Infelizmente, muitas vezes também vivenciamos em nosso próprio meio, sobretudo nas novas mídias, uma linguagem segregadora que condena e insulta. Uma linguagem conciliadora não julga o outro, mas tenta entendê-lo. É mais provável que a reconciliação com outros tenha êxito se primeiro eu fizer as pazes comigo mesmo e com a história da minha vida. Pois se eu não estiver reconciliado comigo mesmo, então corro o risco de projetar nos outros e condenar e combater neles tudo aquilo que eu não tiver reconciliado comigo mesmo. Aquele que se acha melhor e mais forte reprime em si mesmo todas as fraquezas e malevolências e as projetam nos outros. Mas quando eu lamento não ser tão ideal quanto pretendo ser por fora, mas sim tão mediano como os

Trata-se de encontrar o equilíbrio entre a serenidade e o engajamento na ação. Serenidade significa primeiro olhar para as coisas com calma, ver como elas realmente são, depois sentir como a transformação seria possível.

outros, então me torno mais capaz de aceitar os outros como eles são. Talvez soem irrealistas os pensamentos de reconciliação, diante de uma guerra tão cruel. Mas podemos confiar em que lá, onde vivemos reconciliados com nós mesmos e com as pessoas ao nosso redor, surge um movimento dentro da sociedade. Jesus fala do fermento que permeia e transforma uma sociedade. Portanto, é nossa tarefa como cristãos nos tornarmos o fermento de reconciliação para o nosso mundo. Esta é nossa contribuição muito pessoal para a paz no mundo.

Paz requer coragem e serenidade

Esta vontade de paz também requer coragem. A partir da serenidade, do cuidado e da coragem, no entanto, uma nova sensibilidade pode crescer em nosso mundo. A força flui da calma, não da agitação e da inquietude. A serenidade abre nossos olhos para onde e de que modo estamos comprometidos com a proteção do meio ambiente, onde e como nos colocamos em defesa dos grupos vulneráveis, onde e como lidamos com os conflitos em nossa sociedade, mas também no mundo global, e onde e como podemos fazer algo pela paz. Somente quem estiver em paz consigo mesmo e puder abdicar de dar valor absoluto à sua própria posição é que pode encontrar e criar a paz. Trata-se, hoje, de encontrar o equilíbrio entre a serenidade e o engajamento na ação. Serenidade significa primeiro olhar as coisas com calma, ver como elas realmente são, depois sentir como a transformação seria possível e, por fim, refletir sobre onde e de que forma devemos nos comprometer, de forma muito concreta, para que as condições das pessoas possibilitem uma vida boa, pacífica e plena também no futuro.

> Deixar ir tem a ver com serenidade. Porém não é
> uma serenidade que coloca suas mãos no colo, mas
> uma serenidade que permanece atenta,
> alerta e cuidadosa.

Migração, deslocamentos, fuga
A caminho de um novo futuro

*Um adeus que leva à miséria:
saudades de casa e perda da terra natal*

Lugares onde nos sentimos em casa são lindos. Mas também é bom poder sair de um lugar quando se quer prosseguir. Fica difícil quando se é obrigado a ficar, mas também quando se é forçado a sair. Quando o tema da despedida aparece na literatura e se trata de se despedir de um lugar, esse lugar geralmente está intimamente associado à experiência de separação de uma pessoa querida. Dor e tristeza são as emoções predominantes, determinando o presente e as perspectivas para o futuro.

O poeta anônimo de uma canção antiga e bastante conhecida, *Innsbruck, ich muss dich lassen*, sabe que no futuro ele estará na miséria, em um país estrangeiro: "Innsbruck, tenho que te deixar,/ Vou seguir minha estrada,/ Rumo a terras estrangeiras./ Minha alegria foi-me arrancada,/ Que eu não consigo saber,/ onde na miséria é que estou".

> ....
> Lugares onde nos sentimos em casa são lindos;
> no entanto também é bom poder sair de
> um lugar quando se deseja prosseguir.
> Fica difícil quando se é obrigado a ficar, mas
> também quando se é forçado a sair.
> ....

Talvez essa canção tenha permanecido tão popular ao longo dos séculos porque descreve algo arquetípico. Mesmo que isso pareça sentimentalismo para alguns ouvidos, a saudade de casa é conhecida por muitos que passam um longo período de tempo longe de seus lares. Mas temos que distinguir entre a perda do lar por um tempo limitado, que assumimos voluntariamente quando nos mudamos para outra cidade ou país por causa de nosso trabalho. Muitas vezes é somente em um lugar distante que percebemos o significado do nosso lar.

Dolorosa, ou mesmo "miserável", é a perda forçada do lar quando somos forçados a fugir ou somos deslocados à força e então nos encontramos em um país completamente desconhecido.

Deslocamento do lar

A perda forçada do lar pode ser expressa em números. De acordo com um documento publicado em 2022, segundo uma estimativa global da ONU, em 2020 havia 280,6 milhões de pessoas vivendo em um país no qual não haviam nascido. Após a eclosão da guerra na Ucrânia, um milhão de refugiados foram previstos inicialmente. Três semanas após o início da guerra já havia mais de 2,8 milhões – e os números cresciam drasticamente a cada dia. Após apenas algumas semanas, o número de refugiados na Europa já era maior do que os números após a guerra na Síria em 2015/2016. A guerra e os conflitos que ameaçam a vida levam à fuga, há deslocamento violento, mas também a busca por trabalho e um meio de subsistência são muitas vezes razões para a migração e a saída da terra natal. Para o fim de 2020, o Acnur (Alto Comissariado das Nações Unidas para os Refugiados) estimou o número total de refugiados em torno de 81,5 milhões, o maior número desde o final da Segunda Guerra Mundial.

Entretanto, os números refletem apenas a visão de fora. O que significa em termos concretos, por exemplo, como consequência da despedida do lar, não poder mais utilizar a mais natural das coisas, a língua materna? Herta Müller, ganhadora do Prêmio Nobel de Literatura, descreve esta experiência de dolorosa estranheza – de como ela chegou a um ambiente de língua romena quando criança e mal entendia a língua: "Eu era tão estranha aqui, que a única coisa que eu conhecia eram as ervas daninhas. Ninguém me conhecia, eu só tinha a confiança trazida das plantas" (*Heimat oder der Betrug der Dinge* [Lar ou a traição das coisas], Thomas Reche, Neumarkt, 2018).

"Forasteiros" e estrangeiros: trabalhadores convidados, trabalhadores migrantes

Depois da guerra na Alemanha, havia muitos trabalhadores que vinham de longe, não dominavam nossa língua e ainda assim ajudavam, de cedo até tarde, a construir nossa prosperidade. Eles vinham da Itália, da Iugoslávia ou também da Turquia. *Gurbetçi*: estrangeiros, sem lar, forasteiros, era assim que os trabalhadores migrantes eram chamados na Turquia. Despedir-se do seu lar significava estranheza e exclusão. Eles se tornaram estrangeiros na antiga terra natal e ainda não chegaram efetivamente ao novo ambiente. Mas se isso é o que significa dar adeus ao lar, então valem as palavras de Nietzsche: "Pobre daquele que não tem um lar".

E muitas vezes esquecemos que também para aqueles que ficam para trás na terra natal a vida se torna mais difícil. A espanhola Pilar Bello, agora com mais de 70 anos de idade, lembra-se de sua infância quando seu tio se tornou um trabalhador migrante dentro de seu próprio país e se mudou da pequena cidade natal em La Mancha para uma fábrica no Norte: "Eu tinha 5 ou 7 anos e vivia em La Puebla, uma vila em La Mancha. Bem na casa ao lado, onde meu pai nasceu, parede a parede conosco, vivia a família do tio Alfonso, querido irmão do meu pai. Apenas uma parede nos separava, mas nossa vida junto era intensa e muito, muito agradável; meus primos brincavam comigo e estávamos sempre juntos. Era a década de 1950, a industrialização estava se instalando nas cidades da Espanha, enquanto a agricultura ainda não era mecanizada; deixar a vila para trabalhar em uma fábrica de calçados em Elche (Alicante) era a única possibilidade de a família sobreviver. Quando, no dia anterior à minha partida, vi que eles estavam fazendo as malas na casa vizinha, não consegui parar de chorar e não consegui dormir a noite toda. No dia seguinte, eles saíram muito cedo com um caminhão abarrotado, para uma vida incerta e desconhecida, longe de nós. Quando vi a família inteira saindo de casa e o tio fechando a porta, minha mãe não sabia como me acalmar. Ainda hoje eu sinto a dor da separação da criança que eu era então. O lar não era mais o mesmo".

Tanto na experiência de Herta Müller quanto nessa pequena lembrança da grande emoção de uma menina espanhola, fica evidente que o lar é mais do que uma nacionalidade, tampouco é apenas o lugar onde se nasceu e cresceu: o lar é uma relação com as pessoas, um hábito que se tornou querido e uma segurança confiável, uma rede de apoio emocional, ou seja, tudo o que significa pertencimento.

Perda do lar – Uma ferida no corpo e na alma

A perda do lar é também um ferimento e um ataque doloroso à identidade do corpo e da alma. Uma pessoa que vivenciou o que significa a despedida, a fuga e a perda forçadas é o afegão Ahmad Milad Karimi, que, quando criança, fugiu junto com seus pais de Cabul, o lugar do seu antigo "estar protegido" e que ele lembra como um lugar encantador e colorido. Ele fugiu por caminhos arriscados até finalmente chegar de avião passando por Moscou. Em um relato pessoal de suas experiências, ele descreve suas perdas: o que ele perdeu não foi apenas um lugar. "São pessoas, é vida familiar vibrante, o cemitério da família, os elementos culturais, a poesia cotidiana, a voz da cantora clássica Sarahang. Lá estão experiências estéticas do dia a dia, tocando uns aos outros em oração, as muitas línguas, como o Dari e o Pastó, ou os cheiros dos pratos afegãos" (In: *einfach Leben, Themenheft: Heimatgefühle*). Portanto, é mais do que a perda de uma referência geográfica e até mais do que a perda da língua e da cultura em que se cresceu. Jean Améry, que como judeu teve que fugir da Alemanha antes dos nazistas, descreve isso de forma semelhante na essência: "Mas quando não se tem um lar, entrega-se à desordem, à perturbação, à desintegração" (Pflüger, 1991, p. 25). Perde-se todo um sistema de coordenadas para a orientação concreta na vida.

Despedidas para uma vida melhor?

Em 2015, após a turbulência da guerra no mundo árabe, muitas pessoas vieram para cá na esperança de uma vida diferente e melhor. Isso levou muitas pessoas ao medo: a invasão de um estranho ameaçador na Europa. Muitos esquecem que da Europa já partiram verdadeiros fluxos de refugiados em direção ao Novo Mundo, às Américas. Isso não foi há muito tempo. Uma exposição em Zurique em 2022 mostrou que, até o início do século XX, homens, mulheres e famílias suíças ainda emigravam para a França, Alemanha, Rússia e até mesmo para outros continentes, a fim de escapar da pobreza. Para aliviar a carga de seus cofres, várias comunidades forçaram seus pobres a emigrarem. Prometiam às pessoas uma vida melhor e até pagavam as despesas da viagem até o outro lado do oceano para desonerar as casas pobres. E se isto não fosse suficiente, o município ameaçava chamar a polícia. Portanto, estamos falando da nossa própria história quando falamos de fuga e migração usando esses termos para nos referir ao destino dos refugiados de hoje.

O que tudo isso tem a ver com a fé?

A Bíblia nos diz que sair do lar é essencial para as pessoas de fé. A história bíblica da salvação começa com a grande despedida exigida por Abraão: "Sai de tua terra, do meio de teus parentes, da casa de teu pai e vai para a terra que te mostrarei" (Gn 12,1). Essa tríplice despedida – como já vimos – foi entendida pelos monges antigos como uma despedida de tudo o que nos limita, nos amarra e nos prende, como um adeus ao passado e a todas as experiências que tivemos em nossa terra natal e como um adeus a tudo o que está visível. Nós nos colocamos a caminho de uma terra desconhecida. Para a Bíblia, é a terra à qual Deus quer nos conduzir, nas possibilidades que Ele guardou para nós. A Carta aos Hebreus entende este êxodo de Abraão de sua pátria como uma imagem para nós de que somos "peregrinos e hóspedes na terra" (Hb 11,13). Não conseguimos nos estabelecer por completo em lugar algum. Somos sempre hóspedes e estrangeiros neste mundo, pessoas que procuram um lar, não uma nova pátria neste mundo, mas "outra melhor, isto é, a pátria celeste" (Hb 11,16).

Trata-se de demandas concretas

Entretanto, não se trata apenas de aspectos espirituais, mas de demandas concretas para nós: muitas pessoas que fogem hoje, seja porque são perseguidas ou porque não têm possibilidade de ganhar a vida em seu lugar de origem, geralmente não tiveram tempo algum para se despedir adequadamente. Quando, após longos desvios, e, muitas vezes, caminhos errados, chegam então a um país novo e estrangeiro, elas se sentem desenraizadas. Os países aonde chegam as pessoas que foram expulsas de seus lares – muitas vezes com violência – têm, portanto, uma grande responsabilidade de acolher os estrangeiros e restituir sua dignidade. Entre os migrantes há experiências traumáticas. Eles já passaram pela experiência de ver parentes serem assassinados. Eles mesmos foram expostos a tormentos. Os países de acolhimento devem levar em conta essas experiências traumáticas. Por isso, frequentemente, é necessária a ajuda terapêutica, mas acima de tudo é necessária a sensação de ser bem-vindo.

Muitos alemães foram lembrados da fuga, após a Segunda Guerra Mundial, para o Oeste e para o Leste. E lembraram-se de como foram então recebidos nos novos lugares. Por isso, eles também estavam abertos para os refugiados. Sentiram a responsabilidade de que ao dizermos que essas pessoas são bem-vindas, possibilitamos a elas um novo lar; e acolher desconhecidos sempre nos faz confrontar também com a questão de como lidamos com o desconhecido dentro de nós. Pois os desconhecidos nos lembram do que também está dentro de nós, mas que até então ainda não havíamos notado. Quando enfrentamos nossa própria estranheza, emerge dentro de nós uma maior abertura para os estranhos que vêm até nós. Nós mesmos nos beneficiamos de lidar com estranhos. Quando nos expomos à dor que a perda do lar significa para os migrantes, nossos corações se expandem. E talvez nos lembremos então de que não vivemos mais em nosso lar original, mas abrimos mão dele em favor de outra cidade, de outro país. Enfrentamos nossa própria dor e assim nos tornamos capazes de nos integrarmos ao lugar onde agora vivemos e residimos.

> Acolher desconhecidos sempre nos faz confrontar também com a questão de como lidamos com o desconhecido dentro de nós. Pois os desconhecidos nos lembram do que também está dentro de nós, mas que até então ainda não havíamos percebido.

O que os migrantes precisam para que a despedida se conclua

Para que a despedida do antigo lar dê certo, os migrantes precisam sentir que são bem-vindos, que podem se integrar à sociedade daqui. Se isso não acontecer, eles procuram em sua própria cultura e muitas vezes também em sua religião, por exemplo, no Islã, aquilo em que possam se apoiar.

Então eles muitas vezes vivem no novo país, porém, como em um gueto, em seu próprio mundo. E criar raízes está se tornando cada vez mais difícil. Assim escreve Verena Kast: "Pode viver em despedida a pessoa que consegue se referir ao permanente; pode se separar a pessoa que sabe que pode se estabelecer novamente; pode se deixar levar pela incerteza a pessoa que internalizou um ambiente que o apoia" (Pflüger, 1991, p. 7). Portanto, é tarefa tanto dos países de acolhimento quanto dos migrantes encontrar formas de integração. Infelizmente, imigrantes na Alemanha sempre acabam experienciando a xenofobia. Isso os leva a ter medo de se integrarem à sociedade. Então, eles se isolam e desenvolvem uma rejeição da sociedade. Cria-se um círculo vicioso. Como são segregados, eles mesmos se segregam. Como eles rejeitam a sociedade com suas normas, a sociedade tem razões suficientes para rejeitá-los. É preciso vontade de ambos os lados para desconsiderar os preconceitos e se envolver não apenas com as mudanças, mas também como pessoas entre si. Só assim a despedida do velho lar poderá dar certo e um novo lar poderá surgir para o imigrante. A coragem para deixar ir e a força para seguir em frente diz respeito a ambos os lados.

Se essa coragem e essa força estão ao alcance, então algo novo também pode dar certo. Milad Karimi, por exemplo, transformou a experiência da despedida e da lembrança dolorosa em esperança ao se colocar em defesa de outros que se encontram em situação semelhante. A partir de sua própria experiência de passar por necessidades, ele ganhou um novo entendimento sobre as pessoas em necessidade: "Meu lar é onde há refugiados, onde em alguma fronteira as pessoas têm fome de um futuro, onde uma pessoa, no momento de morrer, não tem ninguém para segurar sua mão, onde acontecer injustiça, onde uma sinagoga estiver em chamas, onde cristãos forem perseguidos, onde uma mulher muçulmana é discriminada por usar um véu". Quem vivenciou por si próprio a despedida tende a ser mais aberto aos outros que foram forçados a partir e os ajudará a encontrar um lar em uma terra estrangeira.

> Pode viver em despedida a pessoa que consegue se referir ao permanente; pode se separar a pessoa que sabe que pode se estabelecer novamente; pode se deixar levar pela incerteza a pessoa que internalizou um ambiente que a apoia (Verena Kast).

Enfrentar a vida
planos frustrados e desvios não planejados após golpes do destino

De repente tudo mudou

Recentemente, a experiência nos mostrou isso: uma guerra pode arruinar tudo o que milhões de pessoas planejaram em seus cotidianos. Só que mesmo um acidente ou uma doença – a própria ou de alguém próximo – pode perturbar até mesmo os planos de vida mais definidos. Todos nós temos certas concepções sobre a vida e como ela deve ser. Mas nem sempre nossas vidas acontecem conforme o planejado. Aparece no meio alguma coisa com a qual não contávamos. Estão ocorrendo mudanças que temos de enfrentar. Que vida nos espera então, depois delas? Tais experiências são independentes de onde e como se vive. De se viver, ou não, em um ambiente aparentemente seguro, como um mosteiro. O seguinte exemplo, mais detalhado, mostra isso. Há despedidas em toda vida e a dela não é exceção: a monja beneditina Irmã Philippa Rath publicou vários livros sobre questões das mulheres na Igreja – tendo ela mesma tido experiências que abalaram seu sentimento de justiça. Foi um longo caminho até ali. Ela havia estudado teologia, história e política; trabalhou como jornalista, depois por oito anos em uma editora. Ela não abordava o feminismo ou questões femininas na época. Quando lhe foi oferecido um salto na carreira, ela revelou a seu chefe: "Estou indo para um convento". Ela tinha então 33 anos. Queria não apenas produzir livros e escrever artigos espirituais, mas sim, de uma maneira bastante concreta, viver sua fé em comunidade. Foi uma boa despedida para ela e um feliz recomeço. Ela abandonou seu antigo nome Mechtild e tornou-se Irmã Philippa. Aos 40 anos, assumiu a gestão financeira do convento e exerceu o cargo por dez anos. Depois o intervalo: quando sua confreira e também irmã biológica, com apenas 55 anos, de repente foi diagnosticada com Alzheimer grave, ficou evidente: "Eu tenho que cuidar dela. Eu não teria sido capaz de seguir a vida de outra forma". Ela se mudou com a irmã adoecida para um apartamento de enfermagem separado no terreno do convento e, posteriormente, seu "trabalho oficial" era o de cuidadora de sua irmã com demência, 24 horas por dia. Por 15 anos – até sua morte.

De repente tudo mudou. "A despedida do antigo cargo foi como uma freada brusca. Durante dez anos eu tive muitos poderes, estava no meio dos acontecimentos, tinha enormes oportunidades para moldar as coisas, podia determinar coisas e levá-las adiante." Abdicar não foi fácil para ela, pois sentia falta, sobretudo, do contato com suas confreiras e com muitas pessoas de fora.

O que significou cuidar da pessoa adoecida? "Nos primeiros anos da doença, eu estava ao lado, na frente e atrás dela 24 horas por dia, à noite, completamente exausta, enquanto ela frequentemente ainda estava bem desperta e levantando-se da cama toda hora." Uma vida muito diferente do que antes. Difícil, mas significativa.

Constatações em retrospecto

Como ela vê hoje ao olhar de volta para essa época? "É claro que eu tinha imaginado minha vida no convento de outro jeito e teria preferido que minha irmã estivesse com boa saúde. Foram anos não apenas difíceis, mas também belos. À sua maneira, minha irmã me deu muito de volta, não com palavras – porque ela não conseguia falar há muitos anos – mas com seus olhos, com pequenos gestos de gratidão e confiança."

> *O que aprendi quando me despedi do cargo: que o poder externo é completamente sem importância. No fim, a única coisa que permanece é o relacionamento pessoal, o amor compartilhado. E quanto aos recomeços? Não se pode planejar o que está por vir: mas se pode confiar que é o certo.*

Em retrospecto, para ela parece loucura que os primeiros textos sobre mulheres no livro *Weil Gott es so will* [Porque Deus assim o quer] foram digitados em seu computador no mesmo dia em que ela estava sentada ao lado do leito de morte de sua irmã. "Era como se fosse uma mensagem de despedida dela: 'Agora volte a cuidar de seus próprios negócios'. A vida continuou depois: 'O que aprendi quando me despedi do cargo: que o poder externo é completamente sem importância. No fim, a única coisa que permanece é o relacionamento pessoal, o amor compartilhado'. E quanto aos recomeços? Não se pode planejar o que está por vir: mas se pode confiar que é o certo. Agora eu tenho outra nova estação adiante: lutar para dar adeus à Igreja dos homens. Uma tarefa de vida."

Um confrade escreveu a ela após a morte de sua irmã: "Você é eremita há 15 anos, agora vem a parte apostólica da vida monástica. E muitas de suas confreiras também gostaram de seu envolvimento no campo da igualdade de gênero na Igreja".

Seus dois livros são também uma conexão com os velhos tempos da editora. Quando chegou a hora de publicar o primeiro livro, ela pôde chamar um editor que conhecia desde os primeiros dias: "Mesmo um novo começo precisa de muitos parteiros".

Permanecer aberto: a vida espera por mim

Estar aberto ao que é – isto é: eu esperava por esta vida. Ela esperava por mim. Só tenho que estar aberto a me separar de minhas próprias expectativas, que nossos planos podem não ser realizados ou podem fracassar. Tenho que confiar que, mesmo por trás das mudanças, existe uma vida real, uma vida dada como dádiva.

As seguintes histórias mostram: as mudanças podem vir de fora, mas também podem surgir na minha própria vida, no meu corpo e na minha alma ou passarem a ter efeito através de circunstâncias externas.

Uma história sobre o mundo de uma empresária: uma jovem mulher construiu uma carreira de sucesso e era altamente respeitada como gerente em sua empresa. Mas, de repente, ela começou a ter dores de estômago constantes e severas. O médico diagnosticou uma doença autoimune para a qual não há nenhum medicamento. Seu trabalho sempre lhe havia proporcionado muita alegria. Agora, essa doença insidiosa se abate sobre ela e está afetando muito seu trabalho. Ela tem que se despedir dos sonhos de se realizar no trabalho e trazer novas ideias para a empresa. O adoecimento a fez gastar muito mais energia em si mesma. Essa energia faz falta no trabalho e ela tem que dizer adeus a seus planos profissionais. Continua a trabalhar na empresa, mas as prioridades dela agora são outras. Ela está mais aberta às necessidades de seus colegas de trabalho, recebe críticas positivas e, dessa forma, também fica mais fortalecida internamente.

Um homem conta que gostava de trabalhar em sua firma e de se empenhar por seus funcionários. Ele ficou gravemente ferido em um acidente de trânsito pelo qual não teve culpa. Agora, ele só pode continuar a trabalhar em sua firma como uma pessoa com deficiência grave. Muitos planos que ele tinha antes foram impedidos pelo acidente no qual morreu um homem que estava no carro com o qual havia colidido. Embora não tenha sido culpado pelo acidente, ele é constantemente atormentado por sentimentos de culpa. Será que não poderia mesmo ter evitado o acidente? E ele tem sentimentos de culpa quando pensa nos parentes da vítima e quando os encontra de vez em quando, visto que os planos de vida dessa pessoa foram interrompidos. Foi uma despedida dolorosa pela qual esse homem passou. E levou alguns anos até que ele pudesse realmente deixar o passado para trás e se conectar com o momento. Agora ele defende funcionários que, como ele, passam pela experiência de adquirir uma deficiência grave devido a algum acidente dentro ou fora da empresa. Agora ele vê assim o sentido de sua vida: defender os outros.

Ou a história de um homem que investia em imóveis, construía casas e depois as vendia, e nisso se sobrecarregou financeiramente; afundou-se em dívidas e teve que declarar insolvência. Foi difícil para ele admitir isso. Durante anos, colocou a culpa nos outros e se agarrou à autoimagem do empresário de sucesso. Obviamente, ele tinha que pensar assim para não ter que admitir para si mesmo que havia fracassado. Só depois de muito tempo é que ele conseguiu se despedir dessa imagem de si mesmo e de um futuro financeiramente seguro. Essa despedida, entretanto, foi necessária para que ele não vivesse os anos que lhe restam como um perdedor, mas como alguém que teve experiências dolorosas e se tornou mais maduro com o resultado.

Eu não esperava por esta vida. Ela esperava por mim. Tenho que estar aberto a me separar de minhas próprias expectativas, a aceitar que os planos às vezes falham. Tenho que confiar que, mesmo por trás das mudanças, existe uma vida real, uma vida dada.

A gerente de uma casa de repouso tinha grandes planos de criar uma cultura melhor entre os colegas de equipe, mas também no tratamento dado aos residentes que precisam de cuidados. Mas as intrigas e a resistência de alguns funcionários fizeram-na chegar ao seu limite. E teve que admitir para si mesma que havia fracassado com seus planos. Foi muito doloroso para ela. Mas, então, despediu-se de modo realmente consciente dessa tarefa a que se propôs. Viu seu fracasso como uma oportunidade para olhar mais de perto para si mesma, quais são seus pontos fortes e fracos e qual poderia ser sua verdadeira vocação. A despedida que lhe foi imposta de fora desenvolveu nela novas habilidades e criou novas possibilidades para sua vida.

Lamentar seu fracasso não significa se humilhar

Uma mulher confessou-me após o fracasso de seu casamento: "Estou tão envergonhada porque meu marido me deixou!" Eu tentei encorajá-la e deixar claro: "Dói admitir a si mesma que o casamento fracassou apesar de suas melhores intenções, apesar de toda a espiritualidade e apesar do forte amor que vocês sentiram um pelo outro. Esse fracasso você deve lamentar. O lamento leva à humildade. Mas humildade não significa que você se humilhe. Em vez disso, o que você sente é que você não pode fazer tudo o que quer. Você queria continuar esse casamento, porém não deu certo. Você dá apoio a si mesma e também aos seus fracassos. Você não deve se difamar ou colocar toda a culpa em si mesma. Quando ocorrerem pensamentos sobre o que os outros pensam de você, então proíba a si mesma esses pensamentos. Porque eles não ajudam. Os outros podem pensar o que quiserem. Se eles te julgam, isso é problema deles. Muitas pessoas irão projetar em você

Através do fracasso, podemos alcançar o fundo da alma e descobrir, de uma nova maneira, a singularidade e a unicidade do nosso próprio eu. E talvez novas possibilidades se abram também no mundo exterior para realizar nossos mais profundos sonhos de vida.

os próprios problemas delas; isso não é responsabilidade sua. Entregue seu fracasso a Deus e confie que sua vida vai correr bem, que você vai superar o fracasso até o fundo da alma e lá descobrirá de uma nova maneira que você é singular e única. E talvez novas possibilidades se abram também no mundo exterior para realizar nossos mais profundos sonhos de vida".

Extrair da doença um significado – e seguir em frente

Uma jovem mulher foi diagnosticada com esclerose múltipla. No início, isso a deixou completamente fora dos trilhos. Ela não pode mais realizar, como gostaria, todos os planos que tinha para sua vida; tem que se despedir deles e pergunta: O que posso fazer, como posso continuar? A doença não tem um significado em si mesma. De acordo com o terapeuta Viktor E. Frankl, nossa tarefa é extrair da doença um significado. Evidentemente, é preciso primeiro esgotar todas as possibilidades médicas. Mas também se perguntar: O que a doença está querendo me dizer? Ela não me declara nada sobre o futuro concreto, mas me coloca a questão sobre quem eu realmente sou. E a resposta também tem uma consequência sobre como continuo a lidar com a minha vida: meu verdadeiro ser é independente do êxito externo, também da saúde e da doença. E a doença pode se tornar um desafio espiritual para mim, para viver mais atento e consciente. Eu sinto que a vida é uma dádiva. Não é trivial que eu esteja saudável e possa viver bem. Se eu entregar minha doença a Deus e imaginar a cura do seu amor fluindo em meu corpo doente e enchendo-o de amor e calor, então a doença pode se tornar uma porta de entrada para o amor de Deus. Isso também me permite ver o futuro de uma nova maneira e me convida a me questionar: Que marca eu quero deixar da vida neste mundo? Não é tanto uma marca da realização, senão um traço de amor, de esperança, de confiança, de compaixão e de conciliação. Isto também é algo que leva positivamente ao futuro.

Todos esses exemplos mostram quando os planos para a própria vida são impedidos, isso cria em nós inicialmente grande dor e incerteza. Nós não sabemos como continuar a viver, mas se aceitarmos o fracasso de nossos planos, então a força para um novo começo pode crescer dentro de nós. Então, colocaremos outras *nuances* em nossas vidas. Não sucumbimos ao fracasso dos planos quando ficamos em paz com ele, mas sim nos colocamos a caminho do nosso verdadeiro eu e de novas possibilidades em nossas vidas. A condição para esta nova partida, porém, é se despedir conscientemente das velhas concepções que tínhamos até agora sobre a vida.

Quando a pressão é grande demais
Encontrando no desapego a própria medida e o próprio meio

O que custa força e alegria de viver

Nosso mundo e nossa sociedade estão em profunda transformação. Também a situação no mundo do trabalho se caracteriza por uma pressão crescente, concorrência acirrada, crescentes exigências de desempenho e, ao mesmo tempo, muitas incertezas. Muitas pessoas são completamente consumidas por suas profissões. O emprego exige tudo delas, que se sentem somente como parte da engrenagem de uma roda. Elas querem alcançar um desempenho de 100% e se colocam constantemente sob pressão. Os pensamentos giram noite adentro. Mesmo durante o sono elas estão ocupadas com a pergunta: Fiz tudo certo? E recorrentemente vem a raiva do colega que não tem um bom desempenho, do chefe que não dá atenção. Outros sofrem repentinamente de falta de sono crônica, têm medo de não conseguirem dar conta de suas vidas e de cometer erros no trabalho. O dia todo está cheio de tarefas, sentem que estão sempre atrasados em relação a tudo. Isso custa energia e alegria de viver. A que temos de dizer adeus em uma situação dessas? E como é possível o caminho para uma nova liberdade? Naturalmente, temos que tentar mudar uma situação que é desumana. Porém, se isto não é possível, trata-se também da postura interna e do comportamento dos indivíduos. É uma questão de decidir por se distanciar da realidade, que age como uma "roda de ratos", talvez também para dizer se despedir dela quando a vida não é mais "coerente" e a pessoa se torna alienada de si mesma.

> É sempre perigoso quando, no trabalho, nos afastamos de nós mesmos e perdemos nosso próprio centro. Ele então nos suga e rouba toda a nossa energia.

É preciso fazer uma pausa

Mas como posso saber o que é coerente para mim? Como posso encontrar meu centro e a medida certa para mim? E a direção na qual eu devo continuar? É preciso fazer uma pausa. Quando eu paro e olho para dentro, posso sentir se estou em harmonia comigo mesmo ou se fico então inquieto. Quando fico quieto por dentro e consigo dizer sim a mim mesmo como sou, e à minha vida, que estou vivendo agora, então posso confiar em que encontrei minha coerência e minha medida certa. Mas quando sentimentos como raiva e insatisfação ou mesmo tristeza surgem em mim, então eu percebo que ultrapassei a minha medida. Meus sentimentos me mostram minha medida. "Centro" é uma imagem para a sensação de estar internamente em harmonia comigo mesmo. Reconheço se encontrei meu centro também pela forma como reajo aos outros. Se eu me deixo ser fortemente provocado por uma crítica, por exemplo, então eu me deixo ser arrancado do meu centro. Mas se eu responder internamente com calma, se a resposta não sair pela cabeça, mas sim da minha profundidade interior, então eu estou no centro e ajo a partir dele.

Repetidas vezes ouvimos de pessoas, quando reclamam, que saíram dos eixos, ou seja, que perderam seu próprio centro. Mas será que podemos – e como podemos – dar adeus a um estilo de vida que nos mergulha na infelicidade, pois nos aliena de nós mesmos?

Puxar o freio de mão e começar de novo

"Não tenho mais forças, tenho que colocar um ponto-final. Eu preciso sair. A maior responsabilidade que tenho é cuidar da minha saúde." Para os fãs de futebol foi um choque quando a imprensa noticiou que o diretor esportivo do Borussia Mönchengladbach, Max Eberl, depois de mais que 23 anos de convívio, primeiro como jogador e depois como diretor esportivo, havia se despedido do clube, às lágrimas e com palavras bastante emotivas – após uma longa carreira e uma crise de saúde. Ele falou da "roda de ratos" da histeria e da pressão permanente por sucesso: "Cada derrota era também minha derrota. Eu quero ver o mundo, eu quero só ser Max Eberl. Pela primeira vez na minha vida, estou pensando em mim mesmo", disse o homem de 48 anos. E todos entenderam sua decisão.

Um exemplo de outra área da vida, também do passado recente: Katja Suding, membra do parlamento, vice-presidente do seu partido, é uma política de sucesso que, para surpresa de seu meio, desiste repentinamente de uma carreira porque só se sente pressionada: entre a pressão da concorrência, o desejo de vitória, o embate pela imposição. Nesse processo, ela se sente apenas vazia. Vivencia vida interior como um enorme buraco. Quanto mais insegura ela se torna interiormente, mais se esforça, mais intensa é a pressão que coloca sobre si mesma. E finalmente fica nítido: "Subordinei tudo ao sucesso que eu queria a todo o custo. Aperfeiçoei ainda mais minha estratégia de esconder qualquer tipo de insegurança e fraqueza. Eu me tornei uma máquina". E ela reconhece: "Algo tem que acontecer, algo fundamental, assim não pode e não deve continuar". Ela percebe os sinais de aviso e tira as conclusões.

Em um difícil processo interno, ela havia reconhecido: "Minha vida precisa de um novo começo. Quero sentir novamente alegria no meu trabalho, seja lá em que emprego for. A finalidade é "ser inteiro em si mesmo. É disso que se trata no âmago: se livrar de todo o veneno mental que me mantém afastada da felicidade". Ela "puxa o freio de mão" (expressão que também ilustra o título de seu livro no qual ela relata este caminho). Ela decide sair totalmente da política, fazer algo novo e dizer na próxima conferência do partido que não estará mais à disposição: "Só de pensar nisso meu coração salta de alegria".

> Meus sentimentos me mostram minha medida. "Centro" é uma imagem para a sensação de estar internamente em harmonia comigo mesmo.

Passos para a alegria de viver

Perder a alegria de viver: não só as celebridades sentem isso. Recorrentemente chegam a mim perguntas de pessoas que me contam de experiências semelhantes. Uma mudança radical nem sempre tem que ser a solução para ganhar espaço livre.

Um homem escreve: "Eu me sinto permanentemente sobrecarregado, mental e fisicamente. À noite, cada vez com maior frequência, volto do trabalho completamente exausto. Daí fico irritado e mal posso me envolver com meus filhos. O descanso do fim de semana não é suficiente para recarregar as baterias. Tenho medo de entrar em colapso".

Que conselho pode ser dado a ele? Do que ele tem que se desapegar e como pode continuar?

Primeiro, eu mesmo prestaria muita atenção e me perguntaria por que estou exausto. É realmente por ter muito trabalho? Ou são os conflitos no trabalho, dos quais eu não posso escapar sempre? Ou é o meu padrão de vida internalizado que me exau-

> Você não pode simplesmente criar ou decidir ter a alegria de viver. Mas você pode conseguir criar espaços livres nos quais o coração se sente a si mesmo e entra em contato com a alegria que já existe em todos nós, no fundo de nossas almas, mas que muitas vezes está derramada embaixo de nossas preocupações e medos.

re? Talvez seja o meu perfeccionismo? Ou eu quero me provar diante dos outros. Ou eu me sinto culpado por tudo e os sentimentos de culpa me roubam a energia. Ou eu tenho o medo inconsciente de não ser suficientemente bom. Então eu tenho que provar constantemente que sou bom. Tais comportamentos podem levar à exaustão. O que é necessário é mudar minha postura. Eu faço meu trabalho da melhor forma que posso, mas não deixo que outros me apressem. É sempre perigoso quando, no trabalho, nos afastamos de nós mesmos e perdemos nosso próprio centro. Ele então nos suga e rouba toda a nossa energia.

O segundo ponto é muito concreto: temos que fechar a porta do trabalho antes que a porta da família possa se abrir. Bons rituais podem ajudar nisso. A volta do trabalho para casa pode ser um ritual assim. Geralmente aconselho as pessoas ameaçadas pelo excesso de trabalho e exigências: desapegue do trabalho. Deixe-o lá onde ele acontece. Imagine a família que o espera. Fique feliz por não ter que trabalhar em casa. Você se envolve com as crianças, brinca com elas. Com isso, elas vivenciam a si mesmas de outra forma. Imagine que a família é um espaço de liberdade e amor; assim, você terá prazer em entrar na sua casa. E você já se sente renovado e revigorado com as imagens que você associa com a sua casa.

O terceiro ponto: reflita sobre o que faz bem para você, onde pode relaxar, onde pode simplesmente estar lá sem se sentir sob pressão. Pergunte-se quando e onde você entra em contato com sua alegria de viver. E então mantenha o tempo livre toda semana para fazer o que seu coração desejar: seja dar uma caminhada ou sentar-se na igreja, seja ler um livro ou ir à ginástica uma noite. Você não pode simplesmente criar ou decidir ter a alegria de viver, mas você pode conseguir criar espaços livres nos quais o coração se sente a si mesmo e entra em contato com a alegria que já existe em todos nós, no fundo de nossas almas, mas que muitas vezes está derramada embaixo de nossas preocupações e medos.

Ressentidos, machucados, traumatizados
Como as vítimas conseguem seguir a vida e reconciliar

Vítimas e papéis de vítima

Em nossa vida, passamos recorrentemente pela experiência de nos tornarmos vítimas. O *status* de ser uma vítima e o sofrimento associado a ele são, obviamente, muito diferentes, dependendo da experiência que temos. Somos vítimas de intrigas na firma, somos vítimas de destruição da reputação porque as pessoas falam coisas negativas sobre nós que não são verdade. Sofremos abuso emocional, abuso sexual, estupro. Tornamo-nos vítimas de ofensas e ferimentos por outras pessoas e de adversidades que cruzam nossa vida: como vítimas de uma infecção viral, de um acidente de trânsito ou de um desastre ambiental. Quem se torna uma vítima, perde a liberdade, experimenta dolorosamente que o "espaço de ação" de suas possibilidades de vida fica limitado, de forma massiva, pelo lado de fora. Na maioria dos casos, não podemos evitar que nos tornemos vítimas. Mas a questão é como lidamos com nossa situação, se temos que ficar presos a ela ou se podemos nos despedir dela – percebendo que somos mais do que aquilo que nos ocorreu ou que nos foi feito e, no difícil processo de aceitar nosso destino, também como nos referimos às forças que estão além da experiência da vítima. Aqui, também, aplica-se o seguinte: só poderei me desapegar dessa experiência – por mais dolorosa que seja – se primeiro eu a tiver aceitado e tiver ficado em paz com o fato de que aquilo que aconteceu comigo faz parte da minha vida. É claro que faz diferença se a pessoa foi vítima de tortura, vítima de abuso sexual ou vítima de ferimentos e ofensas. Porque, quanto mais profunda for a ferida, mais longo e mais difícil se torna o caminho para dizer adeus ao papel de vítima.

Por terem se despedido de sua própria dor profunda, as pessoas que foram vítimas se tornaram uma bênção para outras pessoas e puderam ajudá-las a fazer as pazes com seu destino.

A seguir, serão apresentados alguns exemplos que têm como ponto comum o fato de que pessoas experienciaram a posição de vítimas e tiveram de lidar com essa experiência. Mas esses exemplos também mostram que há maneiras muito diferentes de se tornar uma vítima e maneiras também muito distintas de reagir a elas.

Como lidar com o bullying

Uma mulher me contou que uma colega a insultou na frente dos outros e a ofendeu com palavrões. Ela não pôde se defender. Sentiu-se desamparada. E nenhum de seus colegas a defendeu; pelo contrário, eles ficaram cochichando sobre ela. Agora, quando ela entra na sala, eles ficam em silêncio. Ela sente que está sendo vítima de *bullying*. Ela mesma tenta ser amigável com todos e não entende por que os outros continuam tão hostis. Certamente não é fácil continuar nesse papel de vítima na empresa.

Em uma situação como essa, há apenas duas opções: ou eu abandono o barco ou ajo de forma ativa e corajosa porque minha dignidade deve isso a mim; ou tento sair do papel de vítima que me foi imposto e fico apenas comigo mesma. Deixo o comportamento desrespeitoso para os outros. Não ligo pra isso. Assim que chego à empresa, tento estar conscientemente em meu centro; eu os cumprimento de forma amigável, mas não submissa; não presto atenção ao que os outros estão dizendo uns aos outros. Se me acusam de algo, pergunto calmamente o que querem dizer, o que querem de mim e o que em mim os incomoda. Assim, os outros poderão perceber que não me deixo perturbar com suas palavras negativas. Naturalmente, também tento explicar a mim mesma ou averiguar por que os outros agem dessa forma. Muitas vezes eles projetam seus próprios problemas em mim. Eles precisam de um bode expiatório para fugir da sua própria verdade. Também posso abençoá-los antes de entrar na firma. Então, pelo menos, eu entro na empresa com uma boa energia. Talvez a bênção seja como um escudo que protege contra as flechas do inimigo. Mas pode ser que esse segundo caminho seja muito difícil para mim. Então, sinto-me livre para pedir demissão ou procurar outra colocação na firma. De qualquer forma, eu deveria reagir ativamente. Ao mesmo tempo, preciso dar adeus à ilusão de que eu, por meio da cordialidade e da conduta correta, posso também conseguir fazer com que os meus colegas se comportem bem. Há situações que são tóxicas, e somente com boa vontade posso impedir que o veneno seja dissolvido.

Outro exemplo: em uma festa de família, uma mulher foi insultada e ferida por sua irmã. Os pais e os irmãos não reagiram. A mulher se sentiu abandonada na família. Esse conflito a consumiu completamente. Em casa, tinha sempre que pensar nele. Isso roubava seu sono, paralisava seu trabalho e, em seu próprio núcleo familiar, a impedia de ser uma mãe atenciosa com seus filhos. A imagem ideal de uma família harmoniosa foi destruída por essa ferida. Agora, no entanto, é uma questão de reagir ativamente a essa situação. Em uma situação como essa, eu investiria minha energia em minha própria vida. Meu conselho para a pessoa afetada: em primeiro lugar, reduzir o contato com a irmã e ver como eu quero moldar a minha vida. Se o conflito me paralisa, estou dando à irmã poder demais sobre mim. Desse jeito, meu bem-estar depende do comportamento dela. O conflito é um desafio para que eu reflita sobre como quero viver e sobre quais são meus pontos fortes. A tarefa agora é evoluir; então a vida dará certo. Não precisa ser um adeus definitivo. Com uma boa distância é plenamente possível tentar fazer contato com a irmã novamente.

Vítimas de um sistema – Como isso pode continuar?

Outros não enfrentam pessoas concretas diretamente. Eles se tornam vítimas, por exemplo, de um sistema econômico. Não é incomum que uma empresa mude de donos. Um administrador que havia trabalhado arduamente para sua firma durante anos e que era querido entre os colegas foi demitido da noite para o dia porque defendeu a cultura anterior da empresa. Isso foi uma pedra no sapato dos novos proprietários da empresa. Eles haviam comprado a empresa para ganhar o máximo de dinheiro possível com ela. Como, de acordo com a legislação alemã, os administradores não têm direito à indenização, ele agora também estava em uma situação financeira ruim. Com mais de 60 anos de idade, também não foi fácil para ele encontrar um novo emprego. Ele havia levado o negócio adiante com grande dedicação. No entanto, como os novos compradores não gostaram dele, foi impiedosamente descartado. Isso dói. É compreensível que esse homem esteja cheio de raiva, dor e tristeza. No entanto, ele não será capaz de tomar um novo caminho se não se despedir de sua ocupação anterior e usar a raiva para se distanciar interiormente dos novos proprietários, para expulsá-los de si mesmo, a fim de se libertar do poder deles. Somente quando se libertar interiormente daqueles que o demitiram é que ele encontrará a força dentro de si para seguir bem seu caminho.

Após uma experiência de abuso na igreja – O que ajudou?

Um homem contou que, quando tinha 11 anos de idade, a vivência o levou a ver o padre de sua paróquia como uma pessoa paternal. Isso lhe fazia bem, pois seu relacionamento com o próprio pai era muito ruim. Ele gostava da ternura do padre. Mas então o padre foi impertinente e tocou seu pênis. Isso lhe pareceu esquisito e estranho, foi desconfortável para ele; porém, como ele não queria perder o pai substituto, deixou que acontecesse. No entanto, isso foi descomedido para ele e, então, se afastou do sacerdote. Mas ele não tinha ninguém com quem conversar sobre isso. Com seus pais ele não seria capaz de falar a respeito; eles iriam defender o padre. Assim, ele reprimiu o fato; mas isso o levou a se distanciar interiormente da Igreja. E então, quando foi para uma outra cidade para estudar, afastou-se completamente da Igreja. Ele não falou com ninguém sobre sua ferida. Somente quando o assunto se tornou um presente em toda a mídia é que o velho machucado se reabriu nele. Ele sentiu que finalmente precisava falar, sem se envergonhar, que tinha sido vítima de um abuso. Somente quando ele, como vítima, também nomeou o perpetrador; somente quando ele também demonstrou sua raiva externamente, denunciou o perpetrador à comissão de abuso da diocese e também foi levado a sério pelas pessoas responsáveis; e somente quando também as consequências ficaram visíveis, é que foi possível para ele ganhar lentamente uma nova perspectiva. Mas esse foi um longo processo, durante o qual ele teve que contar repetidamente o que esse abuso havia destruído nele, em termos de confiança nas pessoas, mas também em termos de confian-

> *Uma ajuda para se despedir do papel de vítima foi a experiência espiritual de que, apesar do abuso, seu âmago permanecia ileso, saudável e intacto.*

ça na Igreja. Uma ajuda para se despedir do papel de vítima foi a experiência espiritual de que, apesar do abuso, dentro dele seu âmago permanecia ileso, saudável e intacto. Para algumas vítimas de abuso sexual, no entanto, tanta coisa foi destruída em suas almas, que elas precisam de muito tempo para superar o trauma. Só então poderemos ter esperança de que eles consigam sair da posição de vítima e viver suas próprias vidas.

Experiência de abuso na família – transformando a ferida

Recorrentemente ouço histórias de mulheres que contam como sua integridade foi violada em sua própria família. Muitas vezes também suas vidas foram destruídas quando o pai, um irmão mais velho ou um tio havia abusado da pequena menina. O pai agarrou-se à filha com força excessiva, enchendo-a de ternura, com palavras de elogio e admiração. Mas então ele abusa dela e lhe adverte que esse segredo deveria ficar entre ele e ela. Dessa forma, a filha não apenas fica completamente confusa em seus sentimentos, como também vivencia a impossibilidade de qualquer comunicação. Ela permanece abandonada com sua ferida, com sua dor e com sua total confusão. Na maioria das vezes, ela não tem escolha a não ser reprimir o que lhe foi cometido. Às vezes, a ferida se manifesta por meio de doenças, nas quais ela se refugia, ou por meio de um comportamento excêntrico, que ninguém entende. Às vezes, a professora ou professor percebe que há algo errado com a menina. Então, a filha pode

É preciso uma boa terapia para conseguir enfrentar a dor de uma nova maneira. Muitas vezes é preciso atravessar um vale de lágrimas. É preciso força para deixar passar e é preciso coragem para continuar. Mesmo que a vítima de abuso consiga, no fim, fazer as pazes com sua história, as cicatrizes ou feridas geralmente permanecem.

obter ajuda. Mas quando o abuso do pai é revelado pelos professores ou pelo psicólogo que foi chamado para ajudar, a família fica ainda mais perturbada, entrando em colapso toda a vitrine ilusória de harmonia que havia até então. Se o pai acabar sendo punido e surgirem na filha sentimentos de culpa, ela precisará de acompanhamento intensivo para lidar com sua própria ferida e com a destruição da família. Muitas vezes, a filha só será capaz de ter consciência do abuso quando for adulta. Às vezes, a experiência da amizade a leva a perguntar sobre as causas de seus problemas com a sexualidade. Às vezes, a lembrança vem à tona em sonhos ou quando ela lê sobre o abuso de outras mulheres. É preciso uma boa terapia para conseguir enfrentar a dor de uma nova maneira. Muitas vezes é preciso atravessar um vale de lágrimas. É preciso força para deixar passar e é preciso coragem para continuar. Mesmo que a vítima de abuso consiga, no fim, fazer as pazes com sua história, as cicatrizes ou feridas geralmente permanecem. O objetivo seria, usando uma imagem de Hildegard von Bingen, transformar as feridas em pérolas: algumas mulheres me contaram que conseguiram realizar uma tal transformação de suas feridas profundas e que, mais tarde, elas se tornaram particularmente sensíveis com outras mulheres que haviam passado por algo semelhante. Por terem se despedido de sua própria ferida profunda, tornaram-se uma bênção para outras pessoas e puderam ajudá-las a fazer as pazes com seu destino.

Quando os relacionamentos mudam ou se acabam

Família
VIVER O VÍNCULO E ENCONTRAR A SI MESMO COMO UM CAMINHO PARA FILHOS E PAIS

Tudo tem seu tempo

É uma situação clássica, mas muito emotiva. A filha se muda da casa dos pais para outra cidade, para morar sozinha. O pai ajuda na mudança, arrastando as grandes caixas, com os dentes cerrados. A mãe, exteriormente contida e interiormente atordoada, não sabe se deve ficar orgulhosa ou triste. A pessoa com quem os pais por muitos anos tiveram o relacionamento mais íntimo e que pertencia ao círculo de confiança mais próximo, de repente foi embora. A bela e trivial convivência chega ao fim. A filha parte para sua própria vida e os pais são deixados para trás, não raro com um sentimento de vazio e solidão. Mas geralmente há também o outro lado: saber o quanto sua própria filha está ansiosa pelo novo futuro. Ver seu rosto feliz e perceber como ela quer conscientemente assumir a responsabilidade pela própria vida, como ela cuida de seu próprio apartamento com orgulho – isso também tem algo de aliviador. Sua risada e sua alegria não estarão mais tão diretamente presentes e ela provavelmente não descarregará mais suas preocupações apenas na mãe, mas em novos amigos. A responsabilidade muda, isso alivia. A vida familiar também terá uma nova dimensão no futuro, talvez também uma qualidade diferente.

Luto e amor, choro e riso, deixar ir e confiar: a família é um espaço de experiência para tudo isso. Aqui, a convivência e a autonomia podem ser praticadas e vivenciadas; aqui, as crianças podem criar raízes, ganhar segurança e estabilidade interior; mas, aqui, elas também podem aprender a usar suas asas quando "aprenderem a voar". No espaço da família vivenciamos, antes de tudo, a cumplicidade e a resolução. É um lugar onde o amor e a sensação de segurança são experimentados, mas onde também há crises, conflitos e tensões. Nem sempre há harmonia, há também estresse. Fala-se também de famílias disfuncionais quando o vínculo emocional é perturbado, quando as regras não são claras, a comunicação não é boa ou a manipulação das emoções, os sentimentos de culpa e a humilhação têm um efeito destrutivo. É evidente que a situação das famílias está mudando e que muitos problemas da sociedade se refletem também aqui. Mas ainda é aqui que são criadas as condições para a personalidade ter segurança interna e liberdade. A coragem para deixar ir e a força para seguir em frente desempenham um papel importante nos diversos relacionamentos e em fases bem diversas de uma família ao longo da vida. Sair da casa dos pais é apenas uma dessas fases.

Vínculo estável e boa comunicação

Começa já no nascimento. O recém-nascido precisa de uma experiência de vínculo estável e seguro para que possa se desenvolver bem. Os desenvolvimentos mais importantes da criança se realizam em um bom relacionamento com os pais. A experiência de um bom vínculo com o pai e a mãe também é o que permite que os filhos se desprendam dos pais posteriormente. Assim, logo no início se resolve a despedida para a creche. A criança está feliz com o vínculo com os pais, mas também está livre para recorrer a outras pessoas na creche ou na escola.

> *No espaço da família vivenciamos, antes de tudo, a conexão e a resolução; aqui, a proximidade e a distância íntimas são vividas e moldadas. É um lugar onde são experimentados o amor e a sensação de segurança, mas onde também há crises, conflitos e tensões.*

Não é raro que o vínculo estável da criança com os pais seja impedido por uma comunicação velada. A criança não entende como os pais se comunicam entre si e com ela, pois vivencia as alterações de humor dos pais. Uma hora eles falam carinhosos com ela e, no momento seguinte, olham para ela com rejeição e mágoa. A criança nem mesmo reconhece o motivo da mudança de comportamento dos pais. A conversa à mesa geralmente é nebulosa. Os pais não conversam abertamente entre si, eles frequentemente escondem, por trás das palavras, intenções inconscientes. Assim, a criança não vivencia uma comunicação com a qual possa contar, pois ela é deixada sozinha em suas reflexões; não sabe em quais palavras pode confiar e quando, e se pode confiar em seu pai ou em sua mãe. Mas somente quem tem um vínculo confiável conseguirá depois dar adeus.

Distanciamento e saída dos filhos de casa

Não importa a situação familiar, em todas as famílias as crianças, já na puberdade, começam a se distanciar cada vez mais de seus pais. Elas não querem mais sair de férias com eles, querem ter seu próprio círculo de amigos. Uma etapa importante no processo de emancipação acontece quando filhas e filhos saem de casa, por exemplo, quando se mudam para outra cidade para estudar ou para um novo emprego, ou quando se mudam para um apartamento próprio com a namorada ou namorado. Sair de casa apenas não é garantia de que a despedida dos filhos tenha dado certo. Alguns pais e também alguns filhos ainda se apegam ao antigo relacionamento.

Para que a despedida dê certo para ambos os lados, é bom celebrar um ritual de despedida cons-

A saída dos filhos da casa dos pais é um desafio para ambas as partes, pois elas precisam se despedir da convivência até então. Somente quando filhas e filhos conseguem se despedir é que ficam livres para se envolver em novos relacionamentos e amizades ou para a vida em casal.

ciente na família antes da mudança. O ritual de despedida pode ser assim: a família se senta junta e todos dizem o que desejam para a pessoa que está se despedindo, mas também do que sentirão muita falta quando ela não estiver mais na família. Em seguida, a pessoa que está se despedindo conta o que aprendeu com a família, o que valoriza e leva consigo com satisfação para o âmbito da sua nova vida e o que gostaria de deixar para trás. Depois, a despedida pode ser comemorada com uma boa refeição. Quando falei desse ritual de despedida em um curso há alguns anos, aproximou-se de mim um pai que ficou muito emocionado. Ele contou que, quando sua filha mais nova se mudou para uma cidade longe para estudar, não houve tempo para celebrar uma despedida apropriada. Depois de três meses, ele teve que buscar a filha de volta porque ela havia ficado deprimida e não conseguia estudar. Ele pensou que um ritual de despedida poderia tê-la fortalecido para o período em um ambiente desconhecido, poderia tê-la ajudado a se despedir do passado e a se conectar com o que estava por vir.

Separação e despedida de antigos papéis

Uma mulher conta da dor que sentiu quando sua filha saiu de casa porque estava indo estudar em uma cidade distante. Mas quando ela refletiu sobre isso, descobriu outro motivo: "Não era o medo do ninho vazio. Tenho um trabalho que me realiza e me faz entrar em contato com muitas pessoas. É uma dor de despedida, mas não a da filha. Isso é até bom de se ver: ela está indo por um bom caminho. Mas o que realmente dói agora é que uma fase da vida está chegando ao fim para mim mesma. Ao cuidar das crianças, sou definida como mãe, portanto, ainda estou na meia-idade, já que essa função não pertence aos idosos. Mas agora, de repente, isso acontece. Ainda tenho que passar por isso. É claro que a filha também volta: e logo está tudo bagunçado, tenho pilhas de roupa para lavar, vêm jovens fazer barulho quando quero dormir. É bom que a vida esteja agitada ao meu redor e que o incômodo acabe quando ela for embora de novo. Mas o embate com a idade permanece".

Nem sempre as coisas ocorrem de forma harmoniosa quando nos despedimos, e isso também afeta nosso próprio papel. Sobre isso conta uma mulher: "Meu filho tinha 24 ou 25 anos quando saiu de casa: uma fase difícil. Ele havia terminado seus estudos e se viu procurando um emprego. Mas o que ele realmente estava procurando e pelo que acabou decidindo: ele queria dinheiro fácil e rápido, entrou em um meio obscuro e começou a trabalhar como segurança em uma casa noturna! Eu não podia imaginar isso de forma alguma. A convivência com ele era muito conflituosa desde sua juventude. Enquanto ele morava em casa, foi ficando cada vez mais difícil. Eu sabia que ele estava tomando substâncias, o que não me agradava nem um pouco. Isso me preocupou, me deixou profundamente desconfiada e me levou ao ponto de não respeitar sua privacidade de forma alguma. Eu não gostava de mim mesma por isso, mas olhava suas gavetas, mexia em suas coisas e vivia com medo constante. Isso não foi bom para nenhum de nós. Obviamente, esse meu comportamento nos levou a confrontos cada vez mais fortes e até agressivos, até que, no momento em que ele tinha perspectivas concretas de morar sozinho, eu praticamente o expulsei de casa... Foi uma despedida muito difícil para mim. Mas me senti mais calma. Não igual ao lema: 'Se eu não fico sabendo, eu não me abalo'. Isso seria indiferença. Mas há outro ditado que diz: 'O que os olhos não veem o coração não sente'. É lógico que não perdemos o contato, apesar dos conflitos. Embora, sem dúvida, eu ainda me sinta uma péssima mãe".

Naturalmente, essa mãe tem de lidar com esse sentimento que corrói. Mas ela também deveria se despedir da imagem da mãe ruim; pode dizer a si mesma: eu dei o que podia dar. Talvez nem sempre tenha sido suficiente. Mas agora confio que o filho ou a filha criará sua própria vida com o que recebeu. Eles são responsáveis por isso e não mais eu, independentemente de como eu criei as crianças.

Não há um modelo único

É claro que também acontece de filhos saírem de casa e continuarem morando perto dos pais, de modo que, apesar da distância entre as famílias, o contato normal e intenso é mantido. Dizer adeus à casa dos pais geralmente requer coragem. Também é cada vez mais frequente que os filhos prefiram morar em casa. Isso não significa necessariamente que eles só buscam conforto no "Hotel Mamãe". Por trás disso também pode haver um medo social de ir embora sozinho, de se aventurar na vida desconhecida. Isso também assusta os pais. A epidemia de covid fez com que os filhos ficassem em casa por mais tempo do que antes ou mesmo que voltassem a morar com os pais.

Deixar a casa dos pais é um desafio para ambas as partes – para pais e mães e para filhos e filhas. Ambas as partes precisam se despedir da convivência até então. Somente quando os filhos conseguem se despedir é que eles podem se dedicar completamente aos estudos ou ao trabalho e que ficam livres para se envolver em novos relacionamentos e amizades ou para a vida em casal. Quando eles se casam, uma nova despedida aguarda ambas as partes. O filho ou a filha que se casa tem de se despedir do tipo de relacionamento anterior com os pais para poder se envolver totalmente com o parceiro ou parceira. Se o filho ainda for muito apegado à mãe, o relacionamento se tornará difícil para sua esposa. E vice-versa, se a mulher ainda for muito apegada ao pai, o homem ficará emocionalmente carente ao lado dela.

Uma mulher me disse que seu marido ainda é muito ligado à mãe. Ele não consegue se separar dela. E a mãe usa todos os tipos de truques para manter o vínculo para si. O casal planejou passar férias juntos nos Estados Unidos e, enquanto esperavam o voo no aeroporto, a mãe ligou para dizer que estava se sentindo muito mal e que o filho deveria ir até ela imediatamente. O filho deixou sua esposa viajar sozinha para os Estados Unidos, deu meia-volta e dirigiu até sua mãe. Se algo assim acontecer com mais frequência, não haverá chance para essa relação.

Muitos pais até se propõem deixar seus filhos e filhas irem, mas quando apresentam a namorada ou o namorado, acham difícil aceitá-los como parceria para seus filhos. Eles teriam escolhido uma parceria diferente para eles. Mas então são demandados a se despedir de suas próprias imagens de parceiros e a permitir que os filhos tenham as parcerias que escolheram para si mesmos.

Quando os pais se separam

Outros filhos crescem na família. Mas eles percebem que os pais discutem constantemente ou que eles têm se afastado um do outro. Muitos vivem com medo de que seus pais possam se separar. Por isso, tentam evitar o rompimento da família se comportando bem. Porém, ao fazerem isso, se sobrecarregam. Eles cedem e não prestam atenção ao seu próprio caminho de desenvolvimento. Um homem me contou que, quando tinha 12 anos, vivia com medo constante de que seus pais pudessem se separar. Então, ele disse a si mesmo: "Não interessa nada como estou. O importante é que meus pais fiquem juntos". Mas essa atitude mais tarde se tornou sua desgraça. Essa atitude o afetou em cada conflito que teve na empresa. Ele sempre se adaptava aos outros para que não houvesse conflito. Mas, em algum momento, ele sentiu que estava se sobrecarregando e se prejudicando com esse comportamento.

O que é decisivo para os filhos é a forma como os pais se separam. Há casais que se separam de forma justa e que continuam compartilhando conscientemente a responsabilidade pela criação dos filhos. Eles transmitem uma sensação de segurança aos filhos, embora eles naturalmente queiram que seus pais permaneçam juntos e que possam vivenciar uma família completa e saudável.

Quando os filhos seguem outros caminhos ou evitam o contato

O desapego também é necessário quando os filhos seguem caminhos diferentes do que os pais imaginavam em sua nova família. Para muitos cristãos tradicionais, por exemplo, é doloroso ver que os filhos se distanciaram da Igreja, que a fé de repente não tem mais importância para eles. Outros percebem que os filhos estão envolvidos politicamente com grupos reacionários, participam de alguma seita religiosa ou de círculos esotéricos. Às vezes, um caminho totalmente diferente faz com que os filhos se distanciem completamente dos pais. Eles deixam de ter contato, muitas vezes não apenas com os pais, mas também com os irmãos. Quando então eles têm seus próprios filhos em sua nova família, evitam que seus pais vejam os netos. Isso dói. Os pais então se perguntam o que fizeram de errado. Eles estariam dispostos a mudar se os filhos lhes dissessem o que os incomoda neles e o que poderiam fazer melhor. Mas eles não têm a chance de conversar com os filhos sobre isso. Eles evitam qualquer contato.

A despedida, que os filhos realizam dessa maneira radical, corta-lhe as raízes. Às vezes, é mesmo apropriado manter uma distância maior dos pais. Mas cortar as raízes nunca é frutífero. Pelo contrário, dessa forma a própria árvore da vida pode não crescer. Mesmo que as raízes estejam às vezes envenenadas, convém limpá-las em vez de cortá-las. Para os pais, essa forma de despedida é muito desgastante. Muitas vezes, eles perdem a alegria de viver e se sentem culpados: o que fizemos de errado em nossa criação?

Alguns pais tentam de tudo para restabelecer o relacionamento. Mas dessa forma os escudos geralmente endurecem ainda mais; por isso, é importante que também os pais façam essa dolorosa despedida de seus filhos. Mas, ao mesmo tempo, eles nunca devem perder a esperança de que o relacionamento seja restaurado e as antigas feridas sejam curadas. Somente se eles também aceitarem, para si pessoalmente, essa despedida imposta é que conseguirão novamente se envolver por completo com suas vidas e novamente viver o relacionamento com os outros filhos de forma consciente e grata. Somente quando eles se libertam do apego à filha ou ao filho que interrompeu o contato é que surge para eles uma nova vitalidade e pode então crescer um espaço de liberdade no qual o relacionamento se torna possível novamente. Enquanto o contato estiver interrompido, eles podem pelo menos orar pelo filho e, enquanto oram, eles têm esperança. E a esperança costuma produzir uma transformação no relacionamento.

Despedida da ideia de uma família perfeita

Divórcios dolorosos também podem ocorrer na própria família. Os pais sofrem quando os irmãos brigam e evitam uns aos outros. Uma mulher me contou que ela combinou com seus filhos a herança numa conversa em conjunto. Porém, seis meses depois, um dos filhos não concordava mais. Houve uma discussão acalorada entre os irmãos. A mãe ficou desesperada; afinal de contas, ela tinha boas intenções. Ela precisava dar adeus à ideia de uma família perfeita, que se entende e em que tratam uns aos outros de forma justa. Um pai me contou o quanto ele e sua esposa sofrem com o fato de que filha e filho não se dão bem.

Sempre que o pai comemora seu aniversário, ele pode convidar apenas a filha ou o filho. Ele também se pergunta com a esposa o que fizeram de errado para que os irmãos se tornassem tão hostis um com o outro. Mas ao colocarem toda a culpa em si mesmos, apenas se depreciam. Não devem se justificar nem se culpar, pois eles deram o que podiam. Agora é responsabilidade do filho e da filha aprenderem a lidar um com o outro.

Às vezes, também é preciso dar adeus à ideia de uma família perfeita, que se entende e que tratam uns aos outros de forma justa.

Quando os pais ficam idosos e precisam de cuidados

No final, mais uma vez, há despedidas especiais. Uma mulher conta: "Recentemente, levei meu pai de 90 anos para uma casa de repouso. Meu relacionamento com ele não era muito fácil. Agora, com um princípio de demência, ele está cada vez mais desorientado, precisando de cuidados. Isso ele sempre quis e também planejou em suas conversas com a gente. Mas ele se esqueceu e manifestou abertamente que não tem mais vontade de ir para lá: 'O que vou fazer com essas pessoas idosas que eu nem conheço?' Da última vez que falei com ele ao telefone não senti que ele me conhecia. É uma verdadeira despedida. E tenho a sensação de que ele não viverá nessa casa por muito mais tempo. Quando terminei a conversa muito sóbria e objetiva que tive pelo telefone com o gerente da casa de repouso, fui ao banheiro e escovei os dentes, e desatei a chorar. Era luto: por ele, pela compaixão e também pela dor de ter que infligir a ele algo que é necessário, mas que o machuca. Também o luto pelo fato de que sua vida agora se tornará tão pequena, que ele também perderá as orientações habituais e que talvez se sinta como uma pequena criança perdida. Quando meus filhos saíram de casa, eu ainda tinha a sensação de futuro. Agora não há nada mais depois disso".

Quando os pais ficam mais velhos e precisam de cuidados há uma nova forma de despedida. Também podemos nos enlutar por eles. No início é um desafio para os filhos se despedirem da imagem do pai forte ou da mãe sempre atenciosa. E também convém se despedir da própria necessidade de poder se apoiar no pai ou de ter compreensão e o acolhimento da mãe. Como continuar assim quando os pais é que estão precisando de ajuda? Os filhos se deparam com a questão de como moldar a conexão agora. São obrigados a cuidar dos pais até o fim de suas vidas? O apego a eles significa certamente que vão cuidar dos pais quando não puderem mais cuidar de si mesmos. Mas, ao mesmo tempo, também é necessário um autocuidado saudável. Se os filhos forem além de suas forças, também não serão uma bênção para os pais. Portanto, diante da própria consciência e em vista das necessidades dos pais, é importante encontrar um caminho que seja viável para ambas as partes e que possa ser uma bênção para ambos.

> Para os filhos também pode ser um desafio se despedir da imagem do pai forte ou da mãe sempre atenciosa. E também convém se despedir da própria necessidade de poder se apoiar no pai ou de ter compreensão e o acolhimento da mãe.

Divorciar-se dói
Como a separação pode dar certo quando os relacionamentos terminam

Histórias bem diferentes

No ano de 2020, só na Alemanha, cerca de 143.800 casais se divorciaram pelas vias jurídicas. Mesmo que os números pareçam estar caindo lentamente desde então, a quantidade de divórcios ainda é muito alta. Por trás das estatísticas há histórias muito individuais e, frequentemente, muito diferentes. Às vezes, os casamentos se desfazem depois de apenas alguns anos, às vezes no meio da vida. Por exemplo, ambos os parceiros sentem que evoluíram em direções muito diferentes, que seus interesses são muito distintos, que quase não vivem mais juntos, senão apenas um ao lado do outro, e que seus valores estão cada vez mais divergentes – e eles chegam a uma conclusão. Ou há uma experiência de fidelidade ferida, que é vivenciada pelo parceiro como uma perda de confiança que não se pode perdoar. Há também casais que se separam após 30 ou 40 anos de casamento sem nenhum conflito relevante. Os filhos em comum já saíram de casa e não mantêm mais a relação. Por exemplo, uma esposa não consegue mais aturar o marido. Ela não aguenta que ele, depois de se aposentar, fique em casa o tempo todo e tente dominá-la. Enquanto ambos trabalhavam, a relação entre proximidade e distância estava em ordem. Mas agora eles estão constantemente juntos e percebem que se irritam todo dia mutuamente ou que não querem mais aturar a monotonia da mesmice. A esposa tem medo de ficar doente se continuar nesse relacionamento e pede o divórcio. Ao contrário, também pode acontecer de o marido, agora aposentado, não suportar a maneira como sua esposa o trata. Ou que ele projete em sua parceira a insatisfação de sua fase profissional.

Na meia-idade, muitas vezes há outros motivos para a separação de casais. Pode ser que eles quase não se falem mais, que não se abram mais como pessoas um ao outro. Pode ser que o sentimento de amor tenha se desvanecido e o homem se apaixone por outra mulher ou a mulher por outro homem. Que, após 20 anos de casamento, um deles sinta as limitações do amor mútuo e se deixe envolver por outro homem ou outra mulher e experimente uma nova intensidade. Na verdade, a tarefa agora seria integrar o que a outra pessoa desperta em mim em minha vida e em minha pessoa e viver isso dentro da minha relação. No entanto, alguns não conseguem se desfazer do novo amor. Mas também pode acontecer que, mesmo depois de anos, alguém não entenda como tenha chegado do nada a carta do advogado, na qual o parceiro anunciou que queria se separar. Ou um deles conta como o tempo de repente parou quando seu parceiro inesperadamente anunciou que ia sair de casa já.

Guerras conjugais que não levam a lugar algum

As pessoas discutem implacavelmente, brigam e ferem seus parceiros em disputas jurídicas e financeiras. O amor virou ódio. No ódio, entretanto, um permanece ainda vinculado ao outro. Tudo gira constantemente em torno dele. Sempre que o comportamento se intensifica dessa forma, isso mostra que a despedida não foi concluída, mesmo que juridicamente a pessoa possa ter obtido a vitória.

Não importa quais sejam os motivos da separação: quanto mais tempo se viveu junto, mais dolorosa pode ser a despedida. Às vezes se conclui de maneira justa e, após a separação, ambos podem talvez até manter uma conexão amigável; no entanto, muitas vezes há uma "guerra das rosas". O termo tem origem nas disputas bélicas medievais entre famílias nobres inglesas (a rosa branca da Casa de York, a rosa vermelha da Casa de Lancaster) e significa as lutas pela tomada do trono. Também hoje e na vida privada as pessoas discutem implacavelmente, brigam e ferem seus parceiros em disputas jurídicas e financeiras. Um bombardeia o outro com cartas agressivas do advogado, acha que só ele tem razão e quer ver a outra pessoa perder. O amor virou ódio. A raiva não leva ao distanciamento interior em relação ao outro. No ódio, entretanto, um permanece ainda vinculado ao outro. Tudo gira constantemente em torno dele. Sempre que o comportamento se intensifica dessa forma, isso mostra que a despedida não foi concluída, mesmo que juridicamente a pessoa possa ter obtido a vitória.

Perceber os sentimentos e levá-los a sério

Para que a despedida seja concluída é importante estar ciente dos sentimentos que surgem dentro de si. Não é apenas a dor que aperta o coração, é também o sentimento de humilhação, de impotência, a autoestima ferida. Muitas vezes, é também a raiva com a qual se quer lutar contra o outro. Mas é também a vergonha, pois a pessoa se sente envergonhada na frente de seus amigos e conhecidos porque não conseguiu manter o casamento. Ela se sente envergonhada porque não foi capaz de atender às suas próprias expectativas de uma parceria bem-sucedida. Ou se sente envergonhada por ter sido abandonada. E ainda há muitas vezes o medo: será que vou conseguir viver só? Como posso me sustentar financeiramente? E como é que vou conseguir viver sozinha na velhice? E de repente vem também a sensação de um grande vazio interior. Não se sente mais nada, apenas um vazio.

Esses sentimentos querem ser levados a sério. Não devemos julgá-los. Eles simplesmente estão lá. O

Para que a despedida seja concluída é importante estar ciente dos sentimentos que surgem dentro de si, inclusive os impetuosos, agressivos e vergonhosos.

primeiro passo é perceber conscientemente esses sentimentos, senti-los de verdade, no corpo, e discernir uns dos outros, porque muitas vezes essas emoções intensas se misturam e se tornam um emaranhado insolúvel. Então, fica ainda mais difícil lidar com isso. Em uma situação como essa, posso simplesmente me perguntar primeiro: Onde sinto minha raiva, minha vergonha, meu medo, meu vazio? Em um próximo passo, posso observar esses sentimentos. Muitas vezes já é de grande ajuda se isso for feito com amor e não de maneira julgadora e preconcebida. E isso pode fazer com que os sentimentos não se amontoem e endureçam, mas se dissolvam. Se não for esse o caso, posso tentar entrar em contato com a força positiva desses sentimentos, por exemplo, com minha raiva.

Sobre o significado da raiva e da vergonha

A raiva é a força que me distancia do outro. Transformo a raiva em energia positiva quando digo: "Eu posso viver sozinho. Não sou dependente de você". Muitos sentem a raiva não no estômago, que é seu devido lugar, mas sim na cabeça. Em suas cabeças, ficam remoendo o que poderiam dizer à outra pessoa. Mas desse jeito permanecem girando em torno do outro. Por isso, seria importante deixar a raiva se assentar no estômago; assim, serão capazes de se distanciar do outro e expulsá-lo de si. Se a raiva permanece na cabeça, leva a intermináveis discussões internas ou a insultos agressivos ao parceiro. Se for para o peito, causa dor no coração. Somente no estômago é que ela pode exercer seu poder libertador. Então, ela também se torna novamente uma energia que nos capacita para a vida e também para um novo relacionamento.

E quando a vergonha é grande, é bom estar ciente: a vergonha pode proteger nossa dignidade. Mas há também a vergonha que nos envergonha quando nos sentimos expostos ao olhar dos outros. Esse tipo de envergonhamento nos impede de viver. Portanto, é importante observarmos nossa vergonha e elucidarmos onde ela nos faz bem e onde ela nos impede de viver da forma que corresponde ao nosso ser. Essa elucidação pode me proteger dos olhares e julgamentos dos outros, mas também pode me proteger da minha própria condenação.

Medo e vazio interior

O medo às vezes dá um aperto na garganta, mas se eu permitir, ele também me convida a cuidar bem de mim mesmo. Especialmente em situações emocionalmente desgastantes de solidão é necessário não se negligenciar, mas tratar a si mesmo com amor, cuidar de si mesmo, tomar conta de si mesmo e fazer o bem para si mesmo.

E, finalmente, o vazio interior que sinto em mim, ele quer ser preenchido pelo amor que ainda está em mim. Mas esse amor se desprende da outra pessoa; não está preso a ela. É uma força dentro de mim. Também posso preencher o vazio interior ouvindo músicas que tocam minha alma, mergulhando em leituras que me mostrem outras possibilidades de vida, observando a arte que expande minha própria experiência ou até mesmo, talvez, pintando eu mesmo e tentando me expressar dessa forma. Assim, talvez eu possa sentir que há, afinal, muitas capacidades escondidas em meu vazio interior. Há também, além disso, o caminho espiritual de preencher o vazio: imagino que o amor de Deus flui para esse vazio e penetra todo o meu corpo e então me sinto em casa comigo mesmo. Não me sinto mais vazio, mas cheio de um amor que independe da pessoa que me feriu em meu amor.

Uma conversa com minhas emoções pode ajudar

Há também outra maneira de lidar com minhas emoções. Posso iniciar uma conversa com elas. Lido com elas, então, de forma bastante racional. Eu pergunto à raiva, por exemplo, contra o que ela é direcionada. E reflito sobre como posso usá-la de forma positiva como uma força de transformação. Pergunto à vergonha o que ela quer me dizer. Talvez ela me faça lembrar de experiências de infância em que eu senti vergonha? Pergunto ao medo o que ele quer me dizer. No final das contas, ele pode ser um desafio de zelar bem pelo meu futuro. Uma atitude espiritual também pode ser útil. Ela pode me convidar a confiar na bênção de Deus. Quando me deixo envolver nessa confiança, não estou mais sozinho com meu medo. Por fim, posso iniciar uma conversa com meu vazio interior. É bom não preencher esse vazio imediatamente com todos os tipos de atividades ou satisfações substitutivas. Trata-se também de suportá-lo, de reconhecê-lo para si mesmo. Se eu fizer isso, talvez possa descobrir um anseio em meu vazio: o profundo anseio por um amor que não seja limitado pelas fraquezas humanas. O anseio por acolhimento, por um lar; ou também o desejo pela beleza que me toca o coração.

Encontrar uma nova base

Uma esposa sempre segurou as pontas em casa para que o marido pudesse progredir em sua profissão e ter uma carreira. Agora, após 30 anos de casamento, ele a trocou por uma mulher mais jovem. Ela não está apenas profundamente magoada, mas também tem a sensação de que amou em vão. Ela perguntava: Como faço para sair desse sentimento de dor e desespero? É doloroso me dar conta de que tudo o que fiz pelo meu marido foi simplesmente ignorado por ele. Em vez de honrar isso, ele me abandona.

Aconselhei essa mulher a permitir sua raiva; ajuda muito ser capaz de se desconectar internamente do seu marido. Mas eu também disse a ela: "Você deve também prestigiar o que você fez. Pelo menos você permitiu que seu marido seguisse em frente. Você não apenas serviu a outra pessoa; você a amou. E esse amor que ninguém toma de você, nem mesmo o homem que agora está voltado para outra mulher. Mas agora é uma questão de encontrar uma nova base para sua própria vida. Você deve se perguntar: O que eu gostaria de viver agora? Que capacidades e possibilidades se escondem em mim? Também é importante procurar os amigos nos quais você encontra compreensão. E esteja sempre atenta à sua própria dignidade. Você é valiosa e agora pode aproveitar a vida da qual você abdicava até agora por causa do seu marido".

O caminho espiritual de lidar bem com a ferida da separação: eu não reprimo os sentimentos, mas posso confiar que eles mudarão se eu os entregar a Deus e seu amor neles fluir.

Muitos também me pedem uma maneira espiritual de lidar bem com a ferida da separação. Pela minha experiência, ela passa por entregar a Deus todos os meus sentimentos de dor e raiva, de vergonha, de medo e vazio. Não reprimo os sentimentos, mas posso confiar que eles mudarão se eu os entregar a Deus e seu amor fluir neles.

AINDA QUE OS RELACIONAMENTOS SE TRANSFORMEM
NÃO PERDER A ESPERANÇA NO AMOR

Rupturas e interrupções nos relacionamentos

Somos gratos quando temos bons amigos ou quando nos entendemos bem com uma parceria. E assumimos que sempre será assim; porém a experiência mostra que recorrentemente há rupturas nesse tipo de relacionamento.

Então, temos que dar adeus à ilusão de que nosso relacionamento é tão sólido que irá durar para sempre; pois os relacionamentos mudam, as redes de relacionamento também se transformam, especialmente na juventude.

> *Sempre acontecem também rupturas em um relacionamento. Então, temos que dar adeus à ilusão de que nosso relacionamento é tão sólido que irá durar para sempre.*

Surgem novos contextos profissionais e pessoais, encontram-se companheiros de jornada, outros conhecidos e amigos, novamente se despedem ou se iniciam vínculos dos quais se espera que sejam duradouros. Com as possibilidades da internet, por meio de mídias como o *Facebook*, *Twitter*, *Instagram*, *Signal* etc., as chances de se conhecer novas pessoas crescem ainda mais. Os sentimentos reais nem sempre acompanham o mesmo ritmo dos avanços tecnológicos. A disposição para o vínculo diminui. Nos portais de namoro existe a possibilidade de simplesmente apagar o relacionamento com um toque na tela, como se nunca tivesse existido. Mas esse descomprometimento não faz bem para as pessoas. Apagar um relacionamento prejudica a pessoa que estava envolvida nele.

Despedidas por um tempo ou para sempre

Sempre há despedidas em um namoro. Durante a juventude, muitos jovens se apaixonam por uma namorada ou namorado. Eles se sentem felizes, mas frequentemente, após um curto período de felicidade, vivenciam uma separação. A jovem se separa do seu namorado, pois tem a sensação de que ele não combina com ela; ou ela se apaixona por outro homem. O jovem se separa de sua namorada. O apego dela fica forte demais para ele. Ele quer ser livre. Ou ele sente que, na fase em que estava apaixonado, estava cego para os defeitos dela.

Essa despedida também está sempre associada com a dor. Às vezes, a despedida é apenas por um tempo, quando um deles vai para o exterior por um ano para trabalhar ou estudar. A despedida carrega a esperança de que vai estar tudo bem com a outra pessoa na terra estrangeira e que aquela que ficar em casa também permanecerá fiel. E espera-se que irão se ver novamente, com saúde e com um amor ainda mais profundo. Mas nesse período acaba havendo despedidas para sempre. A pessoa se apaixona, mas depois sente que não consegue compartilhar a vida com seu parceiro. As diferenças são muito grandes. A fase de estar apaixonado acabou. Agora, de repente, a pessoa enxerga tudo aquilo para o qual estava cega quando estava apaixonada. No entanto, ainda há um forte sentimento de amor. Apesar do amor, é preciso dar adeus – não apenas sua razão diz isso, mas muitas vezes também o coração. Porém o coração está dividido entre o desejo de permanecer no relacionamento e o desejo de dar adeus. Alguns têm medo de se despedir, embora sintam ter pouca esperança em seu relacionamento, porém, eles têm medo de ficar sozinhos.

Para não ficarem sozinhos, eles se agarram ao relacionamento apesar de todas as dúvidas. Às vezes, o parceiro ou a parceira também coloca a outra parte na situação de ter que se despedir involuntariamente, porque o outro quer terminar o relacionamento. Durante esse período, muitos jovens sofrem de depressão ou se tornam inseguros por dentro. Eles sentem como é difícil dizer adeus. E, no entanto, muitas vezes não só a cabeça, mas também o coração lhes diz que a despedida é necessária para que novas portas se abram e para que se tenha a coragem de seguir o caminho que se julga correto, na esperança de encontrar o(a) parceiro(a) ou o(a) namorado(a) com quem se possa experienciar a felicidade duradoura.

Coragem e força para novos relacionamentos

Na minha vivência, sempre vejo jovens que não conseguem dar adeus ao namorado ou à namorada que os deixaram. Eles ainda lamentam o fim do relacionamento. Portanto, muitas vezes não são capazes de se envolver em um novo relacionamento e, quando encontram uma nova namorada, a comparam constantemente com a anterior. Eles não estão abertos para a nova namorada; ou a jovem lamenta a perda do namorado que a deixou. Ela se enterra em si mesma, sempre se questionando sobre o que fez de errado, ou duvida de sua própria autoestima: será que não sou digna do amor de um homem? Há algo repulsivo em mim? Essas especulações consomem muita energia. Por isso, não tem mais coragem e força para se envolver em um novo relacionamento. As emoções – e como lidar com elas – não são muito diferentes daquelas que surgem em um divórcio: dor, medo, vazio interior, ameaça à autoestima. Mas é necessário que passemos pela dor da despedida e que não fiquemos presos a ela; só assim seremos capazes de um novo começo. É necessário o luto pelo relacionamento rompido, para que possamos entrar em contato com o fundo de nossa alma e com a força que sentimos lá, com a força que flui em nós a partir de Deus.

Despedir-se das imagens sobre os outros

No início de um relacionamento, ambos os parceiros geralmente têm determinadas imagens de si mesmo e do outro. Ama-se mais a imagem que se construiu da outra pessoa do que essa pessoa concreta. O marido pode ver em sua esposa a mãe carinhosa ou a bela mulher erótica que o fascina. Ou ele a vê como a mulher carente de quem ele gosta de cuidar com amor. Às vezes, a esposa vê no marido o pai. Como seu próprio pai estava ausente e ela não conseguiu desenvolver nenhuma proximidade emocional com ele, pode ser que seu marido, um pouco mais velho, funcione como um pai substituto. Ou ela o vê como um homem forte que tem as coisas sob controle. Às vezes, ela também vê nele o filho de quem cuida maternalmente.

> Reconhecer a outra pessoa como ela realmente é significa dar adeus às imagens ideais que dela criamos. Essa despedida é necessária, e também é uma oportunidade.

Em algum momento você precisa se desapegar dessas imagens que havia no início de um relacionamento. Isso se aplica tanto para homens quanto para mulheres. A mulher continua a se desenvolver, fica mais forte. Agora ela não precisa mais do pai, mas de um parceiro de verdade. Também não precisa mais do homem de ação pragmático que consegue tudo. Para seu relacionamento, ela quer alguém com quem possa compartilhar seus sentimentos e que também demonstre seus sentimentos. Portanto, ela precisa se despedir das imagens do início. Algo semelhante pode suceder ao homem. Quando a mulher se torna mais forte, ele precisa se despedir da imagem da filha ou da mulher carente e aceitar sua parceira como ela é. E a mulher não quer ser sempre uma mãe para ele; ela quer um parceiro e não uma criança da qual tenha que cuidar o tempo todo.

Relacionamentos se desenvolvem

Quanto mais os parceiros se aproximarem e quanto mais tempo viverem juntos, melhor irão se conhecer. O marido, a princípio, era simpático com a esposa por causa de sua atitude de fé; depois ela percebe nele não apenas sua fé, mas talvez também sua teimosia, e passa a ter cada vez mais atritos com ele. E o marido, de repente, também percebe as fraquezas da esposa, fica irritado com o fato de ela ter uma noção de organização que é diferente da dele. Ou ele nota que ela às vezes tem fases depressivas, o que ele não havia notado antes. Reconhecer a outra pessoa como ela realmente é significa dar adeus às imagens ideais que dela criamos. Essa despedida não é apenas necessária, é também uma oportunidade; pois nos livra da pressão de ter sempre que mostrar nossa imagem perfeita para a outra pessoa. Podemos ser como somos. Não precisamos esconder nossas fraquezas. E nos tornamos capazes de aceitar o outro como é, em vez de identificá-lo com a imagem que colocamos nele. A despedida das imagens faz com que o relacionamento se torne cada vez mais honesto, genuíno e, por fim, amoroso; pois nosso amor não está mais vinculado a condições.

Não devemos dar adeus ao amor

Friedrich Hölderlin escreveu um longo poema com o título *Der Abschied* [A despedida]. Cito alguns de seus versos:

> ....
> Queríamos nos separar, supúnhamos
> que isso fosse bom e sábio?
> Ao fazermos isso, por que o ato nos
> chocou como um assassinato?
> Ah! nos conhecemos pouco,
> pois um só Deus nos conduz.
> Traí-lo? a Ele, que criou tudo para nós, significado e
> vida, Ele, o Deus protetor de nosso amor,
> que nos dá ânimo.
> Isso, isso eu não consigo[4].
> ....

O poema gira em torno da despedida do grande amor de Hölderlin. Diotima se torna para Hölderlin um símbolo do amor em geral e também de sua dimensão absoluta. Por um lado, o poeta acha que a despedida é sábia, mas ele se assusta com ela; e confessa que, na verdade, ele não conhece muito bem a si mesmo e, portanto, não se julga bem. O motivo para isso: dentro de nós está o mistério de Deus, que é maior do que nós mesmos, que mergulha nossas vidas em um

> Às vezes precisamos nos despedir de uma pessoa amada quando sentimos que o relacionamento nos adoece a ambos ou que algo dentro de nós está despedaçado. Mas não devemos dar adeus ao amor que a pessoa amada despertou em nós; ele permanece dentro de nós.

---

4. "Trennen wollten wir uns, wähnten es gut und klug?
Da wirs taten, warum schröckte, wie Mord, die Tat?
Ach! wir kennen uns wenig,
Denn es waltet ein Gott in uns.
Den verraten? ach ihn, welcher uns alles erst,
Sinn und Leben erschuf, ihn, den beseelenden
Schutzgott unserer Liebe,
Dies, dies eine vermag ich nicht."

mistério que nunca poderemos penetrar totalmente. Quando nos despedimos de uma pessoa amada, traímos o Deus dentro de nós, o Deus protetor de nosso amor. E isso, na verdade, não é possível, pelo menos não para Hölderlin. Apesar disso, ele deu adeus a Diotima. No decorrer do poema, ele escreve que talvez poderia vê-la novamente depois de muito tempo. Mas, a essa altura, ele já bebeu das águas do esquecimento de Lete e seu desejo se esvaiu. Dessa forma, eles podem pacificamente conversar entre si. Mas no fundo eles se tornaram estranhos um para o outro.

Nesse poema, sentimos a natureza conflituosa da despedida. À mulher amada, em seu íntimo profundo, não devemos dizer adeus. Pois ela nos lembra do Deus dentro de nós, a quem não devemos trair. No entanto, a razão muitas vezes nos obriga a dizer adeus; mas a despedida não pode ser controlada apenas pela razão, ela mexe com nossas emoções. Por meio da despedida é possível um encontro de outro tipo. Sobre isso, Hölderlin diz que por meio dela uma nova qualidade de conversa é liberada: "em chamas". O coração sente o calor do amor e, ao mesmo tempo, o espírito se eleva e experimenta a si mesmo de uma nova maneira. Ele não mais se apega a uma pessoa, mas se deixa inspirar por ela, de modo que novas ideias possam surgir dentro dele.

Se traduzirmos as experiências que Hölderlin expressa nesse poema para o nosso tempo, devemos distinguir entre dizer adeus ao amor e dizer adeus à pessoa amada. Às vezes precisamos nos despedir de uma pessoa amada quando sentimos que o relacionamento nos adoece a ambos ou que algo dentro de nós está despedaçado. Mas não devemos dar adeus ao amor que a pessoa amada despertou em nós; ele permanece dentro de nós. A esse amor se aplicam as palavras de Hölderlin: "Pois um só Deus nos conduz". O amor pertence a nós e, nesse amor, o amor de Deus flui para dentro de nós.

Puxar o freio de mão para ganhar uma nova liberdade
Adeus às relações tóxicas

O que é veneno para a liberdade

Há relacionamentos que são determinados por padrões de comportamentos destrutivos e manipuladores que não são bons para um dos parceiros e que podem até mesmo deixá-lo doente. Principalmente as mulheres são afetadas: no início, elas são inundadas com demonstrações de afeto e, de repente, passam a ser constantemente criticadas, humilhadas, menosprezadas e não são percebidas e prestigiadas como pessoas livres. Esses relacionamentos são um veneno para o livre-desenvolvimento da personalidade. É claro que existem diferentes níveis, tanto em termos do grau do sofrimento quanto dos danos que causam nas pessoas, mas também em termos do tipo e da intensidade do envolvimento mútuo.

Há relacionamentos tóxicos não apenas entre parceiros, mas também em grupos, sobretudo em grupos espirituais. Há um guru que fascina o grupo, mas em algum momento se percebe que ele só se volta a quem se submete completamente a ele, a quem nega sua própria opinião e sua própria experiência. Não é tão fácil sair desses grupos, que às vezes possuem algo de seitas. Quem se atreve a recuperar sua liberdade ficará sobrecarregado com sentimentos de culpa, jogando fora seu próprio futuro. Logo verá como irá acabar na sarjeta. Com esses sentimentos de culpa, deseja-se ganhar poder sobre os dissidentes. Mas é exatamente esse método que mostra a qualidade tóxica dos relacionamentos que são característicos desse grupo. Os dissidentes precisam de pessoas que os acompanhem e lhes deem apoio para que possam seguir seu próprio caminho com liberdade e autoconfiança.

Como se libertar de relacionamentos tóxicos?

Na rotina dos relacionamentos vividos geralmente não é fácil nem rápido encontrar uma solução. Uma mulher conta como vivencia essa passagem de fronteira: "Não se trata tanto de insultos pessoais ou acusações injustas. Não, essas pessoas me sobrecarregam com todo o seu comportamento, até mesmo com as palavras que usam como veneno. Elas roubam toda a minha paz, não trazem absolutamente nada de positivo, não ouvem o que eu digo e distorcem a realidade. Era só eu ter problemas no trabalho ou conflitos profissionais, problemas econômicos ou domésticos e essas pessoas fingiam proximidade e então me bombardeavam com acusações. O pior de tudo: elas me davam sempre a sensação de que eu mesma era a culpada. Qualquer problema, até mesmo qualquer discordância – meu próprio 'pecado'. Às vezes eu tinha um verdadeiro ódio por elas. Só aos poucos me dou conta de que não preciso odiá-las de forma alguma. Só preciso expulsá-las da minha vida. PONTO. Porém, o que faço quando tenho de lidar com pessoas assim em meu ambiente familiar"? A mulher citada continua dizendo: "Adoro reuniões de família, mas às vezes encontro pessoas lá, podem ser sobrinhos, sobrinhas ou até mesmo um cunhado, que me dão tanto 'nos nervos' que chega a doer. Minha receita nesse meio-tempo: simplesmente ignorar, desligar por dentro, fazer como que se não tivesse nada a ver comigo. Nem sempre consigo. E então estou de volta na 'cilada'".

> *Essas pessoas fingiam proximidade e então me bombardeavam com acusações. O pior de tudo: elas me davam sempre a sensação de que eu mesma era a culpada. Às vezes eu tinha um verdadeiro ódio por elas. Só aos poucos me dou conta de que não preciso odiá-las de forma alguma. Só preciso expulsá-las da minha vida.*

Sobrecarga permanente

No entanto, isso se torna difícil quando você tem que viver continuamente com uma pessoa cujo comportamento é permanentemente prejudicial. Uma mulher me contou sobre seu marido narcisista. Ele só gira em torno de si mesmo. Precisa falar constantemente sobre seus êxitos no trabalho. Valoriza sua esposa – e ao mesmo tempo tenta controlá-la. Para ele nunca está bom o que ela veste, o jeito que ela anda, o que ela cozinha. E ele também a mantém cada vez mais longe dos amigos dela. No início, ela ainda conseguia suportar, pois pensava: "Ele só precisa de uma autoestima mais saudável, daí ele logo mudará". E ela tinha em si a ambição de "amá-lo de maneira saudável". Mas, depois de alguns anos, sentiu que suas forças estavam no fim. Ela só era menosprezada. Não conseguia fazer nada direito para seu parceiro. Ele só se preocupava consigo mesmo, não tinha olhos para ela de forma alguma. Não apenas as necessidades dela não o tocavam de forma alguma como ele também sempre voltava a machucá-la. Ela sentia que ficar perto dele estava a deixando doente. Então, ela teve que puxar o freio de mão e se separar dele. Isso foi muito difícil para ela, pois se casaram na igreja e evidentemente acreditava que seu relacionamento não poderia ser desfeito. E seu ideal era honrar o "sim" que dera ao marido na cerimônia de casamento. Ela não teve que dizer adeus só ao conceito vital de um casamento feliz, também teve que se despedir de suas próprias imagens idealizadas, de sua esperança de poder transformar a outra pessoa simplesmente por meio do amor. Às vezes, nosso amor também se mistura com ambição: de que com amor podemos alcançar qualquer coisa. Essa mulher teve que se despedir dessa ideia. Naturalmente, é bom confiar que meu amor pode provocar uma transformação na outra pessoa, mas também temos que aceitar os limites de nossa influência.

Por trás de tais conjunturas podem se esconder doenças, como o transtorno patológico obsessivo-compulsivo, por exemplo. Se um dos parceiros sofre de uma doença mental, isso não chega a ser obstáculo para um bom casamento. Mas ambos os parceiros também devem estar dispostos a fazer algo para o relacionamento dar certo e, por exemplo, buscar acompanhamento terapêutico. Porém, nem sempre haverá a disposição para isso.

Um homem me contou sobre um caso assim. Sua esposa desconfiava de tudo e de todos e se recusava a procurar um terapeuta. Ela basicamente dizia estar certa de que todos os outros seriam, na melhor das hipóteses, ingênuos. Ela tiranizava o marido e os filhos. Todos tinham que apoiar suas compulsões de controle, verificar constantemente se todas as portas estavam trancadas, aceitar sempre novas precauções de segurança para a casa. Isso não apenas custava muito dinheiro, como também envenenava todo o clima da família. Com o tempo, o homem sentiu que ele próprio corria o risco de ficar doente.

Quando me despeço da outra pessoa não fico preso em minha raiva. Eu me despeço e posso calmamente "deixar" a outra pessoa como ela é – sem que precise me sentir mal por isso. Desejo que ela entre em harmonia consigo mesma. Mas, ao mesmo tempo, sinto que, no final das contas, é bom para mim e para a outra pessoa que tenhamos nos despedido um do outro e que eu, livre de uma dependência, possa novamente me dedicar a outras pessoas.

Quando ele decidiu se separar da esposa, isso significou para ele não apenas dizer adeus ao seu casamento ideal, mas também à sua própria autoimagem. Ele tinha uma imagem positiva como executivo de uma grande empresa e representava os valores cristãos na firma. Mas dessa vez ele mesmo não podia mais perseverar no valor da lealdade que sempre estimou e isso arranhou sua imagem. Foi um processo doloroso, justo ele ter que se despedir da imagem que tinha vivido externamente até então.

Como posso me proteger?

Em todas essas situações, não é fácil decidir se devo dar adeus ou permanecer no relacionamento, se devo aceitar a outra pessoa com suas dificuldades ou me proteger de uma dependência insuportável. Minha tarefa é elucidar meus sentimentos e chegar ao fundo deles. Posso tentar conversar com meus sentimentos: minha irritação é apenas uma expressão da minha sensibilidade ou de minhas expectativas excessivas em relação à outra pessoa? Ou essa pessoa está realmente me prejudicando? Pode ser que meus sentimentos mudem. Agora minha tarefa pode ser manter o relacionamento e, ao mesmo tempo, cuidar bem de mim mesmo; ou seja, observar que eu não deixe a outra pessoa ditar o meu papel, que eu permaneça sempre eu mesmo e que eu não me deixe sair do meu centro. Mas se a raiva ou até mesmo o ódio permanecerem muito fortes mesmo após eu prestar atenção em meus sentimentos, devo levar esses sentimentos a sério e não os ignorar. Consequentemente, quando me despeço da outra pessoa, não fico preso em minha raiva. Eu me despeço e posso, com toda calma, "deixar" a outra pessoa como ela é – sem que precise me sentir mal por isso. Desejo que ela entre em harmonia consigo mesma. Mas, ao mesmo tempo, sinto que, no final das contas, é bom para mim e para a outra pessoa que tenhamos nos despedido um do outro e que eu, livre de uma dependência, possa novamente me dedicar a outras pessoas.

Em seu livro *Tante Jolesch*, Friedrich Torberg narra um caso que é mais fácil de "resolver": o escritor Alfred Polgar é perseguido em uma cafeteria por um admirador inconveniente. Um *stalker*, como diríamos hoje, que se agarra a ele como um carrapato, enchendo-o de elogios, mas com isso apenas o irrita, e mesmo após a despedida ainda quer acompanhá-lo – quando pergunta: "Em que direção você está indo, Sr. Polgar?" A resposta: "Na direção contrária!" Às vezes, só servem reações inequívocas: nesse caso, uma separação não muito educada; porém, um enunciado direto e libertador.

No meio da vida
Suportando perdas dolorosas

DIZER ADEUS AO PODER, DESAPEGAR-SE DE PAPÉIS, SUPERAR O PERTENCIMENTO
AO PARAR, CHEGAR A UMA NOVA VITALIDADE

Por que Adenauer não foi embora de coração leve

Über das Gehen, das Beenden und das Loslassen [Sobre partir, terminar e desapegar-se] – esse foi o título da palestra de despedida que Karlheinz Geissler, professor universitário e pesquisador do tempo, deu ao se aposentar. Ele refletiu muito sobre os temas do iniciar e do parar e também sobre que contextos cotidianos são afetados por isso. Coisas triviais como reuniões, por exemplo. Eu mesmo sempre fico irritado quando alguém conduz uma sessão e não define claramente um início e um fim. O início explícito é necessário para que todos possam se envolver e se concentrar no que será discutido. Mas também é importante ter um fim nítido: são irritantes aquelas reuniões que nunca terminam porque as pessoas ainda veem novos problemas e querem discuti-los. Tanto o iniciar quanto o parar requerem sempre um desapego.

Mas Geissler também refletiu de forma mais geral sobre a passagem do tempo em nosso modo de vida. Em sua palestra de despedida, ele também apontou que há poucos modelos na arte de parar na política: poucos sucessores encontrou o Imperador Carlos V, que em 1556 decidiu abdicar e se retirar para um mosteiro, para uma vida de meditação.

Percebe-se como as despedidas são difíceis não apenas, mas principalmente, com pessoas poderosas e influentes. "Não saio de coração leve", foi o que Konrad Adenauer, então com 87 anos, disse a um jornalista quando seus aliados haviam conseguido colocar um sucessor no cargo. Abdicações geralmente estão associadas a derrotas ou à erosão do poder. Isso dói.

No entanto, a palavra equivalente em alemão *abdanken* significa originalmente algo positivo: despedir-se de alguém com agradecimentos, honrá-lo. Normalmente essa abdicação acontece ao se aposentar. É importante que na despedida o relacionamento esteja mais uma vez consciente, por meio de rituais de despedida conscientes. Na época da covid, as pessoas não podiam se despedir em público, porque as regras de distanciamento não permitiam uma aglomeração social. Isso foi muito difícil, especialmente para as pessoas que estavam em papéis nos quais os relacionamentos são importantes. Eles simplesmente "desapareciam". Isso também mostrou como é crucial expressar agradecimentos publicamente e como os rituais são importantes para dar forma a essa transição.

> *A vida precisa de um começo nítido. Mas ter um final nítido é tão importante quanto. Tanto o iniciar quanto o parar requerem sempre um desapego. Um novo começo consciente só pode ser definido por aqueles que estão preparados para se despedirem do que viveram até então.*

De repente, "fora desse papel": perguntas, inseguranças: quem sou eu?

Isto vale não somente para os políticos, visto que o encerramento das funções profissionais é uma ruptura radical para muitas pessoas. Quem se definiu apenas por sua profissão de repente se sente como um nada. Alguns perdem não apenas o ritmo, mas também o sentido de suas vidas. Correm o risco de perderem a si próprios se esse arcabouço for abandonado.

Mesmo quando se tenha abordado essa questão positivamente no início, de repente surgem dúvidas e inseguranças:

uma mulher em seus 60 anos, chefe da área de educação em uma instituição eclesiástica, estava farta dos constantes cortes, das reestruturações e da enorme escassez de funcionários. Ela se beneficiou de um acordo de aposentadoria antecipada e percebeu: "De repente, a pergunta também passou a ser 'o que vai acontecer comigo quando eu for embora?' Um ofício também dá alguma coisa: a pessoa é reconhecida em uma função pelos que estão à sua volta. Como será futuramente? O que eu posso fazer, quem sou *eu mesma* na verdade?"

Para muitos, essa é a pergunta: Como é que vai continuar quando eu tiver que sair? De repente, interrompe-se algo que até agora sustentava a pessoa. Os papéis antigos não sustentam mais. A mudança de papéis é considerada até mesmo como causa de uma possível depressão. Não apenas Adenauer, mas também outras pessoas poderosas não deixaram o poder voluntária e facilmente – mesmo que antes tenham enfatizado tantas vezes que também sofreriam com o peso do cargo e que na democracia, de todo modo, o poder só é concedido por um período limitado. Não é fácil admitirmos que somos, de fato, "dispensáveis".

O exercício do poder pode se tornar um vício e a perda do poder pode causar danos ao ego. Isso se aplica não apenas à política, mas também a posições de poder na economia, na Igreja, em estabelecimentos de educação ou em outras instituições. A atenção pública e as oportunidades de dar forma e de influenciar, bem como outras vantagens percebidas, agem como uma droga e tem como consequência a dependência interna. A abstinência dessa substância, que também é estimulante para o ego, geralmente é difícil e dolorosa. Despedir-se do poder nos é tão difícil porque, de súbito, não temos mais nenhuma importância oficial, não podemos mais mover nada para fora, temos que descer do "alto do trono".

Ter um papel nos dá uma certa segurança. Mas, desde já, enquanto temos determinados papéis para desempenhar, deveríamos construir uma distância interna em relação a eles e nos voltar sempre para nosso próprio interior. Pois quando nos acostumamos demais com o poder, muitas vezes sentimos nosso próprio interior como um vazio que gostaríamos de evitar. Isso geralmente não é mais possível na situação de despedida. Para lidar com a dor fantasma da perda, muitos continuam tentando participar em outros níveis. Alguns evitam o vazio interior insultando outras pessoas que lhes tiraram o poder ou tornando-se interiormente endurecidos ou deprimidos. E não há apenas aqueles que querem fazer tudo diferente de seus antecessores a qualquer custo – e que de preferência gostariam de fazer esquecer tudo o que eles fizeram. Há também aqueles que olham cobiçosos, cheios de desconfiança e inveja, para aquilo que seus sucessores fazem de diferente. Poderia fazer bem à pessoa, quando parar, reconhecer com gratidão que ela mesma já esteve sobre os ombros de outros quando "começou".

Desapego e perda do controle:
Por que abdicar é tão difícil?

No modo de falar suíço, *abdanken* [abdicar] ainda hoje significa: funeral, sepultamento. Portanto, marca o fim de uma vida. Historicamente, *abdanken* significava: renunciar ao trono. Falamos de abdicação ou renúncia quando alguém se demite de um cargo ou deixa o ministério. Para além da alta política, hoje se fala de experiências semelhantes principalmente no contexto de deixar a profissão e se aposentar. Quem precisa abrir mão de seu papel na empresa abre mão dos privilégios que tinha como chefe. Agora é uma pessoa simples. De repente, ele sente que algumas das coisas que ele apreciava antes não se aplicavam a ele como pessoa, mas à sua função. Ele precisa se dar conta: "Meu poder acaba, minha vida continua".

Despedida e recomeço pertencem um ao outro – essa também é uma conjuntura instigante e tensa. Pessoas que estão prestes a se aposentar relatam sobre sentimentos mistos. Um se sente ofendido por não estar mais "por lá". E o outro não vê a hora de finalmente poder ir embora. Um está tomado de pura alegria, que permanece e aumenta. E outro, de grande preocupação. E, é claro, há também o medo da perda: uma professora que amava seu trabalho acima de tudo. Os filhos já saíram de casa, ela ainda tem um ano e meio: "Sinto cada vez mais o valor do meu trabalho". Torna-se precioso aquilo que podemos prever que se tornará escasso. E, mais tarde, ela conta sobre sua despedida das crianças de sua última classe. Uma garota lhe perguntou: "O que você vai fazer quando não tiver mais férias?" "Boa pergunta", disse ela; ainda sem uma resposta concreta. Um ex-colega lhe disse: "Não consigo mais aproveitar as férias de verão desde que me aposentei".

O que é difícil para algumas pessoas ao se aposentarem não é apenas a perda de um dia de trabalho estruturado e do contato com os colegas, mas a percepção de que sua experiência não conta mais e que, na verdade, elas serão esquecidas e, com isso, também aquilo que

> Perde-se muito quando se interrompe a profissão. Mas também se ganha muito: antigas compulsões deixam de existir. Posso libertar meus escravos internos. Tenho mais tempo, outros espaços para explorar, uma nova liberdade, possibilidades surpreendentes, uma visão diferente sobre o essencial.

elas desempenharam. Uma pessoa de 68 anos diz: "Quando me aposentei há dois anos, caí em um buraco negro. Minha esposa dizia apenas: depressão por abandono! Por que isso então? Fiz parte de uma empresa por mais de 35 anos! Nela dei meu sangue, investi muita dedicação, paixão e conhecimento. Não posso igualmente dizer: isso também pertence a mim, à minha história, à minha identidade? Isso é normal! Agora estou deixando meu emprego. E, nesse processo, sinto-me abandonado, traído, vendido. Isso dói. Isso seria apenas um sinal de não conseguir se desapegar?"

Quando a pressão cessa: uma nova leveza do ser

É evidente que nem todo mundo fica deprimido quando se aposenta, pelo contrário: alguns ficam ansiosos para ter mais tempo. Um homem, por exemplo, aposentou-se antecipadamente há três anos. E depois de três anos, ele ainda diz: "Eu me levanto todos os dias e tenho a sensação de que é domingo. Uma sensação maravilhosa".

Perde-se muito, mas também se ganha muito: antigas compulsões deixam de existir, posso libertar meus escravos internos. Tenho mais tempo, outros espaços para explorar, uma nova liberdade, possibilidades surpreendentes, uma visão diferente sobre o essencial. Uma pessoa que está aposentada há alguns anos conta: "Na verdade, eu queria de todo modo ficar no meu emprego por mais um ou dois anos. Eu gostava do estresse. Mas então tive que sair, obviamente me tornei muito caro para meu empregador. Hoje eu digo: foi uma redenção. Agora tenho menos dor de cabeça do que nunca. Antes eu costumava dormir mais. Hoje eu sei: por exaustão. É claro que nesse meio-tempo eu sinto a minha idade. Os netos não são mais tão fáceis de levantar depois que têm mais de 20 quilos. Mas se alguém agora me perguntar o que eu faço o dia todo, eu lhe digo: eu vivo! Cheguei na minha vida muito bem". Isso é ser grato por novas oportunidades. No meio da vida, ser simplesmente carreira e cargos, poder de decisão, influência e possibilidade de definir formas, poder – essa não pode ser a finalidade última da vida. Mesmo depois de abrir mão de um cargo ou de uma determinada posição, há desafios e possibilidades importantes. No mais tardar agora surge a pergunta: O que eu ainda – e especialmente agora – quero da minha vida? Por que eu vivo – e de quais fontes? Qual é o significado mais profundo da minha existência?

Um início assim consciente só pode ser dado por quem estiver preparado para se despedir do que viveu até então. Mas, exatamente nesse momento, também temos novas oportunidades. Justamente agora podemos, por exemplo, construir pontes entre as pessoas, entre as gerações, entre diferentes estilos de vida e entre as culturas. Portanto, não devemos simplesmente não fazer nada, mas sim refletir sobre como podemos contribuir agora mesmo para tornar o mundo ao nosso redor mais humano, mais ameno e mais generoso. A gratidão pelo que realizamos até agora pode ser sentida e vivida de modo tranquilo e consciente. Essa gratidão nos torna pessoas satisfeitas que agora também podem ser uma bênção para as outras pessoas; e que com isso também possam aproveitar suas vidas.

Em todas as áreas de nossa vida a lei do início e do fim se aplica ao que fazemos, mas também aos nossos relacionamentos. Também nesse sentido há relacionamentos que nunca começam realmente. Inícios e fins só se consumam quando nos desapegamos, quando nos despedimos do descomprometimento.

E certamente agora também é a oportunidade: simplesmente ser. Karlheinz Geissler sugeriu essa possibilidade ao estabelecer, em sua palestra de despedida, uma conexão entre o imperador abdicado Carlos V e o poeta português Fernando Pessoa. Este escreve sobre abdicação em um sentido figurado: em uma ode à vida simples – no meio da vida:

> Colhe as flores mas larga-as,
> Das mãos mal as olhaste.
> Senta-te ao sol. Abdica
> E sê rei de ti próprio.
> (Alberto Caeiro. *Poemas*. 1986, p. 217)[5]

---

5. Na verdade, trata-se de um poema do heterônimo Ricardo Reis, chamado "Não tenhas nada nas mãos", contido na mesma antologia de poemas de Fernando Pessoa traduzidos para o alemão [N.T.].

Livrar-se disso?
É possível exercitar a despedida das coisas e da posse

"Como eu gostaria de ser como Diógenes..."

Percebe-se que as coisas podem ter significado ou valor quando perdemos algo e não conseguimos mais encontrá-lo. Naturalmente também quando a máquina de lavar roupa de repente pifa ou a máquina de lavar louças estraga. Mas, para muitos, é preciso se perguntar: eu preciso mesmo disso? E também: preciso ter sempre o produto mais recente, a marca mais atual? Conforme se lê, os europeus de hoje possuem em média mais de 10.000 coisas. Uma *designer* ambientalmente consciente fez uma vez um autoexperimento. Ela queria mostrar quantas coisas ela realmente usava e precisava. O resultado surpreendente: ela achava que apenas 15,4% das coisas que possuía eram necessárias para sua vida e dessas coisas ela usava de fato apenas 72% com frequência. E, no entanto... "Como eu gostaria de ser como Diógenes... Alegremente sob o sol, sem tudo. Viver mais leve, como seria bom". Isso é o que diz uma mulher profissionalmente bem-sucedida que agora está aposentada – e confessa: "Um problema muito grande para mim é dar ou me livrar de coisas que pertenciam aos meus pais. No verão, uso como estadia de férias a casa no vilarejo onde meus pais, que eram agricultores, trabalhavam e moravam. Essa habitação parece um museu: só coisas antigas e, ainda por cima, bastante desconfortáveis. Mas não tenho coragem de descartar os móveis dos meus pais, cama, mesas, cadeiras etc., etc. Não serve nem como doação para uma instituição social. Mas, para mim, neles há lembranças, minha afeição. Eu simplesmente não consigo. É um sentimento de que estou insultando as pessoas ligadas a eles ao passar essas coisas adiante. E todo verão, quando passo um tempo naquela casa, os outros me dizem: 'joga logo fora essas coisas velhas!' Não consigo. Ainda não. Meus filhos um dia vão colocar tudo isso no ponto de coleta; mas então eu não estarei mais lá. E eles não vão sofrer o que eu sofreria se fizesse isso agora..."

> Percebe-se que as coisas podem ter significado ou valor quando perdemos algo e não conseguimos mais encontrá-lo. Ou quando somos roubados. Mas, para muitos, é preciso se perguntar; e descobrimos que as coisas geralmente têm apenas uma função substituta.

O que também está agarrado às coisas: lembranças e emoções

A morte mostra que todas as coisas que possuímos são, no final das contas, sem importância. Mas a morte de pessoas significa também que as coisas que faziam parte de suas vidas ficam para trás. Na maioria das vezes são inúmeras coisas que mal podemos prever, desorganizadas, em parte necessárias e em parte acumuladas de forma mais aleatória.

Uma mulher conta: "Após a morte de minha mãe, que tinha mais de 90 anos de idade, nós, meu irmão e eu, tivemos que nos desfazer de sua casa. Meu irmão não queria nada, nenhum sentimentalismo. Apenas alguns itens práticos, como uma máquina de fatiar pão ou um aspirador de pó de mesa, luminárias e ferramentas manuais. Para mim eram importantes, por exemplo, os copos bem comuns que costumávamos usar para beber juntos e também levei comigo fotos que definiam a atmosfera da casa dos meus pais, algumas delas impressões muito simples, até mesmo fotos emolduradas. Havia também álbuns de memórias nos quais meus pais haviam documentado suas vidas, além de livros que se tornaram importantes para eles e que eu queria reler para mergulhar em suas vidas mais uma vez. Foi nessa mesma época, quando precisávamos ainda nos desfazer da casa, que aconteceu a catástrofe da enchente no Rio Ahr, no oeste da Alemanha. Uma colaboradora da paróquia então buscou louças e eletrodomésticos dessa herança para as casas que foram destruídas. Foi uma sensação boa. Para o restante, chamamos um profissional para tirar os entulhos. Depois de 'varrido', chegamos ao fim. No entanto, eu não conseguia mais entrar na casa vazia. Com as coisas, desapareceu também o espírito".

Desapegar-se de determinadas coisas sempre também é, ao mesmo tempo, dar adeus a uma determinada época da minha vida. Eu me desapego das coisas e me desapego da época em que essas coisas eram importantes para mim. O espaço livre traz liberdade. Após essa despedida, passamos a nos sentir melhor não apenas em nossa casa, mas também em nossa alma.

Os pais geralmente deixam para os filhos objetos de recordação que eles mesmos receberam de seus pais. Assim, essas recordações simbolizam a história da família, as raízes das quais a família vive. Mas há também muitos outros objetos que passamos a amar: um belo vaso, um armário antigo, um bichinho de pelúcia da infância, uma bela foto emoldurada que recorda uma pessoa querida ou um momento feliz; porém, em algum momento chega a hora de dar adeus; em algum momento, não convém mais arrastar consigo o velho ursinho de pelúcia. Despedir-se dos objetos sempre é também se despedir das experiências que se teve com o objeto, muitas vezes também despedir-se de uma época na qual esse objeto já foi importante.

Sobre carros, livros e outras coisas (des)importantes

Naturalmente, há coisas necessárias. Um carro, por exemplo; nem todo mundo pode evitá-lo, porque dependemos da mobilidade e as conexões de transporte público muitas vezes não funcionam. O jornalista Bernd Müllender tentou se despedir de ter um carro próprio.

E conseguiu: "Por 20 anos, nunca mas senti falta de ter meu próprio carro", diz ele. "Pelo contrário, gostaria de não mais sentir falta da época sem ele – autônomo, livre, sem engarrafamentos, sem o tormento de procurar por uma vaga de estacionamento e sem abusivas contas de conserto, menos agitado". E, contudo, ele sempre manteve a mobilidade, mesmo com filho. É preciso planejar mais, ele reconhece e admite: com o transporte público geralmente leva mais tempo. Mas é melhor sair um pouco mais cedo e depois ler, trabalhar, refletir. Ou aproveitar o movimento saudável na bicicleta. E, é claro, você também pode pedir um carro emprestado aos amigos. Ou por meio de sistemas de compartilhamento. Uma despedida que – pelo menos nesse caso – nem sempre foi fácil, mas que trouxe liberdade.

> *Aqueles que não têm nada a perder, que não são apegados às posses – ou ao seu ego – também perdem o medo do último adeus.*

E quanto aos livros? Livros são, talvez, um caso à parte. Um conhecido diz: "Não tenho condições de me desapegar de um livro que empresto. Eu o acompanho até que ele me seja devolvido; prefiro comprar um livro novamente do que o dar de presente". E muitos que gostam de ler de fato se perguntam: É possível realmente dar adeus aos livros? Eles não se tornaram parte mesmo de uma pessoa por meio da leitura? Mas à medida que as pessoas envelhecem, elas precisam reduzir o tamanho de suas casas e até mesmo as estantes ocupam muito espaço. Os livros podem ser jogados fora? Como é possível se despedir de livros com os quais se conviveu e dos quais se alimentou? É simples: é possível vendê-los. Mas também dar o livro de presente ou doá-lo para o bazar de Natal ou colocá-lo em uma cesta de livros – para que outras pessoas o descubram e o levem para casa. Isso também é libertador.

Não apenas livros, mas também cartas e documentos escritos estão entre as coisas das quais muitas pessoas não conseguem se separar. É bom quando as pessoas guardam as cartas que seus pais lhes escreveram quando estavam na faculdade ou no exterior. E as cartas de amor geralmente são guardadas como uma herança preciosa. Pois elas nos lembram do início do amor. Também é bom ler essas cartas de vez em quando. Mas quando recebemos inúmeras cartas ao longo da vida, temos que nos despedir de muitas delas. Senão, as gavetas ficam entupidas e não encontramos mais espaço.

Com os professores, acompanho muitas vezes a dificuldade de dar adeus aos textos antigos com os quais eles trabalharam em suas aulas na escola. Eles acham que podem precisar dessas folhas novamente em algum momento. E, assim, seus armários de trabalho ficam cada vez mais cheios. Outros guardam seus jornais não lidos, pensando: Um dia encontrarei tempo livre para lê-los. Mas esse momento normalmente nunca chega. Outros leram o jornal ou a revista, acham que é um artigo interessante. E, assim, eles guardam; porém, quando as montanhas se acumulam, nunca mais encontrarão o artigo.

Nesse caso, também é preciso coragem para dar adeus. Em vez de olhar ansiosamente para o que posso precisar para o meu trabalho como professor, jornalista ou técnico, é preciso ir para o futuro com mais confiança. Hoje não é mais necessário guardar muitas coisas, pois na era da internet você pode encontrá-las mais rapidamente. E, como professor, em vez de armazenar lições antigas ou, como padre, armazenar sermões antigos, devo confiar no espírito que está agora em mim e que me dá o que é apropriado e adequado para os ouvintes de agora.

Entre a mentalidade do "usa e joga fora" e a acumulação compulsiva

Da mesma forma que pode ser patológico querer ter sempre o que há de mais novo e atual, também não é nada saudável fazer parte de uma "cultura" de "usar e jogar fora", do descarte rápido. Mas há também o outro comportamento, a outra doença, isto é, não conseguir se desfazer das coisas, acumulando tudo compulsivamente sem distinguir entre o que não tem valor e o que é utilizável. Chama-se de "Síndrome de Messie" quando alguém pensa que pode precisar novamente daquele martelo velho, da antiga máquina de lavar louça ou do fogareiro em algum momento no futuro. No final das contas, é o medo de não possuir algo do qual se possa precisar algum dia. Mas quando não é possível se despedir de nada, a casa geralmente fica tão abarrotada que não se pode viver direito nela. Isso dificulta o próprio trabalho quando, por exemplo, a pia ou o fogão fica coberto de jornais e não se consegue mais cozinhar. E não se pode mais convidar ninguém para sua casa. Assim, essa mania patológica de acumular levará à necessidade de dar adeus a cada vez mais amigos. Pois eles não vêm mais visitar. As pessoas dirão adeus a quem não consegue dizer adeus às próprias coisas. E isso é muito mais doloroso do que dizer adeus a coisas que, muitas vezes, não têm valor. A acumulação compulsiva consiste em sentir dor quando se necessita desfazer-se das coisas. No entanto, sem se despedir de muitas coisas, não é possível trabalhar razoavelmente e habitar de modo confortável e aprazível, não é possível viver bem.

Uma despedida feliz e bem-sucedida

Uma jovem mulher sinóloga, que foi estudar na China, conta sobre sua despedida e como dela fez uma festa. Ela queria deixar do menor tamanho possível o contêiner que foi enviado com suas coisas à Ásia. Para sua festa de despedida, ela convidou todos os seus amigos e distribuiu bilhetes de sorteio – cada um deles significava ganhar um de seus pertences: entre eles o adorado lírio verde no vaso, mas também uma bela caligrafia chinesa e uma cadeira com o assento desgastado. Além de livros dos quais ela queria se desfazer, um bule e uma cafeteira, um espelho, blusas, um cachecol... Apesar de toda a melancolia pela despedida iminente, acabou sendo uma festa alegre; pois ela não ia apenas embora, também deixou para trás coisas que futuramente fariam muitas pessoas pensarem nela, quando as vissem ou as usassem.

Outra história de uma despedida dolorosa, mas bem-sucedida, conta sobre uma pessoa cuja paixão, por toda a vida, foi a música. Ele tocava o cravo com maestria. Durante décadas, ele atuava em sua congregação como organista, preparava sobretudo as missas comemorativas com grande meticulosidade. Quando a doença de Parkinson dificultou severamente o controle de suas mãos, ele desistiu de tocar o órgão. Foi uma última missa muito bonita, realizada por amigos solistas e pelo coral. No final, houve uma celebração de despedida melancólica, mas calorosa, por parte da congregação. Seu instrumento favorito, o cravo, ele doou para uma instituição de ensino próxima, onde ficaria disponível como instrumento de prática e para concertos; um presente inesperado e muito útil para essa instituição. E, no lugar onde ficava o instrumento em sua habitação, há agora uma bela obra de arte que ele aprecia. Quando perguntado se ele lamentava a perda do instrumento, a resposta era um efusivo "Não!" Ele está ansioso para que "seu instrumento" seja "estreado" em breve no novo local com um concerto especial.

Como nosso tempo é limitado, não vale a pena nos definirmos a partir de posses. Porque mais tarde, na morte, temos que deixar tudo. "A última camisa não tem bolsos", como diz o ditado popular; ou seja: dessa vida nada se leva. Temos que nos despedir da ilusão de que teríamos a posse eternamente.

"Tira a tua sombra de mim"

Dizer adeus certamente não é fácil. Mas você pode praticá-lo, ao longo da vida, em pequenas coisas, para ficar mais fácil quando for algo realmente sério. Esse exercício poderia acontecer de modo que, de tempos em tempos, olhássemos para as coisas que ajuntamos em nosso quarto ou nossa casa, no porão ou na garagem, e nos perguntássemos: O que essa coisa significa para mim? Ainda é importante para mim? Eu realmente ainda preciso disso? Ou devo me desapegar disso? O que é que eu não cheguei sequer a utilizar no passado? Eu me sentiria mais à vontade se conseguisse tirar isso de casa? Desapegar-se de certas coisas é sempre, ao mesmo tempo, dizer adeus a um determinado período da história da minha vida. Eu me desapego das coisas e me desapego do período em que essas coisas eram importantes para mim. Por isso, de tempos em tempos, pratico o desapego e a despedida. E podemos novamente respirar em nossa casa. O espaço livre traz liberdade. Assim, após essa despedida, nós nos sentiremos confortáveis não apenas na casa, mas também na nossa alma. Se conseguirmos nos livrar sempre do desnecessário, será como um bom treino – um exercício que nos torna mais fortes no longo prazo e nos torna capazes de nos envolver completamente com o momento presente e com os desafios que esse momento nos impõe. Então nos livramos não apenas do nosso apego às coisas, mas nos sentimos mais leves e também mais livres e amplos por dentro. Também o excesso de coisas pode "ofuscar" uma vida.

> Somente quem faz as pazes com a limitação é que pode, com toda liberdade, refletir sobre o que realmente precisa para viver. Esse é um requisito para se sentir livre.

A conhecida anedota contada pelo antigo filósofo Diógenes é uma bela imagem para esse sentimento. Diz-se que Alexandre o Grande queria lhe conceder todos os desejos, mas

Diógenes retrucou que tinha apenas um: que Alexandre lhe saísse da frente do sol. Na verdade, sua frase teria sido: "Tira a tua sombra de mim!"

O que permanece no fim? Uma história verídica que um teólogo conta sobre suas duas irmãs mais velhas, uma com 91 anos e a outra com mais de 88, ambas criadas em um ambiente tradicionalmente religioso, a mais nova inclusive freira, ao conversarem pelo telefone sobre a finitude de toda a existência e também sobre a possibilidade iminente de sua própria morte, disse a mais velha, calma e entregue ao seu destino: "Estou pronta! A mala já está feita!" A outra respondeu: "É mesmo? E o que é que você está querendo levar nessa mala?"

Quando orientações ideais antigas não se sustentam mais

Despedir-se de sonhos e metas de vida
Abertura para o novo

*Todos nós temos sonhos – Temos que
enterrar muitas de nossas imagens ideais*

Quando se é criança ou adolescente, qualquer um sonha com o futuro, com o que gostaria de se tornar um dia e o que gostaria de alcançar em sua profissão. Tem o sonho de uma família a construir, o sonho de uma casa própria com espaço para os filhos e netos, o sonho da influência que gostaria de ter na sociedade, o sonho de um mundo salvo. E temos expectativas em relação a nós mesmos: a expectativa de que sempre seremos bem-sucedidos, de que sempre seremos felizes, de que seremos capazes de realizar aquilo que desejamos. Sonhamos em conseguir convencer os outros das nossas visões, aplicar nosso conhecimento e implementar nossas ideias com sucesso.

> Se não consumamos conscientemente nossa despedida de metas inatingidas, tornamo-nos resignados e insatisfeitos. Ou simplesmente continuamos a viver assim. Mas tudo vira apenas rotina. Como não demos adeus, não se abre nenhum novo espaço de vida para nós.

Porém, quando envelhecemos, temos que enterrar muitos desses sonhos de vida e muitas dessas expectativas. Chegamos a uma idade em que não podemos mais planejar uma família, pois não encontramos um parceiro adequado para nós; ou a parceira(o) que imaginamos se casou com outra pessoa. No trabalho, chegamos aos nossos limites; as coisas não se desenrolaram tão bem quanto imaginávamos e, financeiramente, não obtivemos o sucesso desejado. O cargo que tínhamos em mente foi assumido por outra pessoa. E sentimos que não temos uma influência tão grande na sociedade. Mesmo que apareçamos em público com frequência, percebemos que, no final das contas, podemos fazer pouca diferença. Não atingimos muitas das metas que estabelecemos para nós mesmos. É preciso se despedir de tudo isso. Se não consumamos conscientemente nossa despedida, tornamo-nos resignados e insatisfeitos. Ou simplesmente continuamos a viver assim. Mas tudo vira apenas rotina. Como não demos adeus, não se abre nenhum novo espaço de vida para nós.

Não resignação, mas liberdade mais ampla

Na juventude, temos ideais: queremos nos tornar boas pessoas, queremos concretizar nossos valores. Mas então percebemos que não somos tão ideais quanto gostaríamos de ser, que não concretizamos os valores conforme era nosso sonho. Hermann Hesse certa vez descreveu essa experiência da seguinte forma: "Em algum momento, chegamos à 'percepção de que não há uma concretização da virtude, uma obediência completa ou um serviço suficiente, que a justiça é inatingível, que ser bom é impraticável'. Essa experiência dolorosa 'leva ou à ruína ou a um terceiro domínio do espírito, à experiência de um estado além da moral e da lei, um avanço para a graça e a redenção'" (Hesse, p. 327).

Dar adeus a nossas imagens ideais não deve levar à resignação, mas a uma liberdade mais ampla. Hermann Hesse chama a essa liberdade interior de "fé". Isso pode levar a uma amplidão maior, a uma fé que nos sustenta mesmo que não tenhamos conseguido concretizar nossos próprios ideais.

No decorrer de nossas vidas, temos de nos despedir da imagem ideal que criamos de nós mesmos. Só que a despedida não deve levar à resignação, mas a uma liberdade mais ampla. Hermann Hesse chama a essa liberdade interior de "fé". Na fé, aprendemos que somos aceitos incondicionalmente. Dar adeus às nossas próprias imagens ideais leva, portanto, a uma nova fé que nos sustenta, mesmo que não tenhamos conseguido concretizar nossos próprios ideais.

Não se orientar apenas por exemplos, mas tornar-se propriamente autêntico

Exemplos inspiram, cópias não

Em nossas vidas, precisamos de exemplos – mesmo as crianças pequenas naturalmente já buscam orientação nos seus pais e nós, desde a primeira infância, imitamos os adultos. Os jovens procuram outras pessoas que lhes mostrem o que realmente importa e cuja vida lhes sirva de orientação. Certos valores se tornam para nós concretos nas atitudes vividas por outras pessoas e o exercício dos nossos próprios valores é fortalecido tendo em vista tal exemplo.

Portanto, também em uma sociedade faz total sentido quando certas pessoas se destacam, ou seja, tornam-se visíveis naquilo que também é importante e exemplar para os outros. Na Igreja, há os santos como exemplos. Na sociedade, os prêmios destacam exemplos especiais – pelo menos esse é um significado possível. Títulos honorários como o "Justos entre as nações" ou condecorações como o Prêmio Nobel da Paz mantêm viva a lembrança de que é importante buscar orientação em exemplos bem-sucedidos. Nomes como Sophie Scholl ou Nelson Mandela, aquela condenada à execução e este por muito tempo na prisão, deixam nítido que nem sempre foi trivial a alta estima por essas pessoas e pelas atitudes que elas defendem.

Exemplos não são ídolos que se endeusam – sem levar em conta a própria realidade – ou que se imitam em suas aparências externas. Por isso, alguns preferem falar de exemplos em vez de modelos. Modelos indicam como minha vida pode ser idealmente bem-sucedida. Tornam-se importantes como inspirações que nos fazem progredir.

O que pode nos fazer progredir

Esses modelos exemplares têm a função de nos colocar em contato com nossas próprias possibilidades e, assim, nos ajudar a crescer e a descobrir o que há dentro de nós. Posso descobrir o que está dentro de mim, por exemplo, quando leio as biografias de outras pessoas ou quando observo as pessoas ao meu redor: podem ser pais e avós, professoras e professores, padres e freiras, ou mesmo jovens mais experientes, mas também todos aqueles que mostram, por meio de suas vidas, do que o ser humano é capaz, no sentido positivo.

Quando vemos outra pessoa que nos toca por dentro e nos desperta interesse, nossos olhos se abrem e nos desconectamos do puro egocentrismo. Ao olharmos para ela, mas ao mesmo tempo para nós mesmos, acontece o encontro. O encontro só acontece entre duas pessoas independentes. Quem não tem autoestima corre o risco de ser esmagado pelo modelo. E, na tentativa de copiá-lo, sempre se sentirá inferior, porque sempre ficará aquém do modelo.

Por que devemos nos desvincular – e em que direção temos que progredir

Há muitos jovens que se identificam com seu ídolo e relegam sua própria identidade. Enquanto apenas adorarem seus ídolos não viverão a si mesmos. É um sinal de maturidade quando eles se desvinculam desse fascínio e projeção e vivem seus próprios anseios. Quanto mais velhos ficamos, mais percebemos que as pessoas que admiramos e adoramos por muito tempo não são positivas por completo, que elas têm seus lados sombrios e que não faríamos bem em copiá-las.

> *Não perca tempo falando sobre grandes personalidades e pensando em como elas deveriam ser. Torne-se uma você mesmo (Marco Aurélio).*

Devo sempre ver o exemplo como um espelho para mim, de modo que eu me reconheça – com minhas possibilidades – como a mim mesmo no espelho. Quem se torna dependente de outra pessoa geralmente suprime seu medo de ser insignificante. Quem precisa de uma grande pessoa para, à sombra dela, acreditar em seu próprio valor não se torna realmente forte.

Ouço com frequência a reclamação de que teríamos muito poucos modelos hoje em dia. Como pais, devemos ser exemplos para nossos filhos; como professores, para nossos alunos; como padres, para a paróquia; como chefes, para a firma. Mas se eu me propusesse, de modo expresso e consciente, a ser um exemplo, eu só me definiria em vista de outras pessoas. Mas só posso ser realmente um exemplo se eu for completamente eu mesmo. É minha tarefa seguir meu caminho de forma autêntica e não ficar parado. Mas se eu quiser transmitir aos outros: "Vejam só que exemplo eu sou", então eu fico parado – não sou mais autêntico; portanto, não sou mais um exemplo.

Viver autenticamente requer trabalho em nós mesmos. É preciso dar adeus às imagens que temos de nós mesmos. Trata-se de perguntar cada vez mais o que Deus quer de mim, que possibilidades Ele poderia ver em mim e que ainda não me ocorreram. Reconheço isso quando, em silêncio, sinto dentro de mim: minha vida está certa? Estou em sintonia com meu âmago mais íntimo? Minha vida flui? Sou uma bênção para os outros?

O apelo por exemplos é, para mim, portanto, um convite para viver em relacionamento com as pessoas. Não devo me definir por outras pessoas e pela opinião delas sobre mim; mas posso buscar contato com elas, trocar ideias com elas, ouvi-las. Não devo ensiná-las, mas sim viver com elas de modo que reconheçam do que e para que eu vivo. Minha vida deve ser um incentivo para que outras pessoas descubram a riqueza de suas próprias almas e se tornem como são diante de Deus: singulares e únicas.

"Você tem que matar o Buda": quando o modelo bloqueia a visão

Às vezes, falamos também de um "guru" espiritual, um termo que tem suas origens em religiões orientais (literalmente, o termo significa "importante pessoa de respeito"), nas quais o professor desempenha um papel especial e os membros da comunidade se orientam por essas figuras de liderança. Em algumas seitas, esses "gurus" se tornam ainda mais importantes do que Deus. Eles são eximidos de críticas. Eles não fornecem mais nenhum impulso para um desenvolvimento vivo. Um ditado sufi também diz: "O discípulo está nas mãos do mestre, assim como o defunto está nas mãos do limpador de cadáveres" (cf. *Sektenlexikon*, 411). O psicanalista e terapeuta estadunidense Irvin David Yalom diz que algumas pessoas tentam superar o medo da morte se apegando a um guru. Esse "guru" pode desempenhar um papel em um relacionamento terapêutico ou espiritual e pode ser um homem ou uma mulher; no entanto, se o exemplo nos obscurecer a visão da nossa própria verdade e também da nossa própria mortalidade e limitação, então ele tende a ter um efeito destrutivo. Então, preciso me desvincular do modelo para encarar minha própria verdade e limitação e para seguir meu próprio caminho em liberdade.

> Trata-se de perguntar cada vez mais o que Deus quer de mim, que possibilidades Ele poderia ver em mim e que ainda não me ocorreram. Reconheço isso quando, em silêncio, sinto dentro de mim: minha vida está certa?

No budismo isso significa: "Você tem que matar o Buda!" Isto é: também não se deve copiar o Buda. Na tradição cristã, celebramos a Ascensão de Cristo. Isso sempre foi interpretado na tradição espiritual de que não devemos apenas seguir Jesus e meramente copiá-lo. Devemos nos desapegar dele. Ele não está mais entre nós como um mestre; porém Ele está dentro de nós como nosso mestre interior. Portanto, é preciso seguir o mestre interior, seguir o puro eu.

Despedindo-se de imagens ideais – lidando com os lados sombrios

Mas hoje há também uma tendência de descobrir o lado sombrio em cada pessoa conhecida e reconhecida. Com isso, podemos acabar desvalorizando-a. Não raro, isso serve para nossa própria autojustificativa. Porém não se trata de desvalorizar os outros, mas de ver, com um coração aberto, que eles também têm suas fraquezas. Devemos nos despedir de tomá-los como regra para nossa própria vida. No entanto, devemos mais ainda vê-los como um desafio para trabalharmos em nós mesmos e vivermos de uma forma que corresponda à nossa verdadeira essência.

> *Também faz parte da maturidade de nossa vida nos despedirmos das imagens ideais que fazemos dos outros. Mesmo assim, podemos nos apegar a muitas boas experiências e ideias que outras pessoas nos mostram.*

Quando comecei a estudar os escritos de C.G. Jung, fiquei entusiasmado e obtive muitas ideias positivas deles, especialmente com relação à conexão entre a teologia e a psicologia. Mas quando li uma biografia crítica de Jung, fiquei inicialmente desiludido. Tive que me despedir daquele Jung que, por suas ideias psicológicas, se mostrava uma pessoa sábia e convincente. Mas, para mim, foi um processo importante deixar-me frutificar e inspirar por muitas das ideias de Jung, sem elevá-lo aos céus e sem demonizá-lo como pessoa.

Faz parte da maturidade de nossa vida nos despedirmos das imagens ideais que fazemos dos outros e não jogarmos o bebê fora junto com a água do banho, mas em vez disso guardarmos muitas experiências boas e ideias que outras pessoas nos mostram.

De Marco Aurélio existe a frase: "Não perca tempo falando sobre grandes personalidades e pensando em como elas deveriam ser. Torne-se uma você mesmo". Mas mesmo que nos despeçamos das imagens ideais infladas e das projeções sobre os outros e sigamos nosso próprio caminho como personalidade, podemos ser misericordiosos com os outros e, dessa forma, também aprender a ser mais misericordiosos com nós mesmos.

DESPEDIDA DAS ANTIGAS IMAGENS DE DEUS
A CAMINHO DO MISTÉRIO DA NOSSA VIDA

Não é Deus que está morto, mas o que imaginamos sobre Ele

Não é somente desde que o filósofo Friedrich Nietzsche proclamou a morte de Deus que muitos teólogos lutam para falar de Deus de uma forma adequada. Nietzsche expressou em palavras incisivas a impressão que muitas pessoas têm, em sua época e na nossa: Deus parece estar morto. Pelo menos muitas pessoas hoje vivem como se Ele não existisse mais; ou seja, como se estivesse morto. Mas a afirmação de Nietzsche não significa Deus está morto, mas sim: é nossa noção de Deus que está morta. Temos que dar adeus às concepções que pretendem saber exatamente como ou quem Deus é. O filósofo judeu Martin Buber designa a palavra "Deus" como a "mais carregada de todas as palavras humanas". Ao contrário dele, o psicoterapeuta Peter Schellenbaum defende a palavra "Deus". Ele acha que a palavra "Deus" é uma "palavra de efeito" que provoca algo em nós. Para Schellenbaum não se trata de acreditar em Deus como em um objeto, mas de se dar conta dele. E isso significa sempre dar-se conta de si mesmo.

Imagens sempre são só janelas

Portanto, não precisamos dizer adeus à palavra "Deus", mas às imagens que muitas vezes nos levam ao engano de achar que sabemos e que podemos dizer exatamente quem é Deus. Imagens são sempre só janelas pelas quais olhamos, mas não são definições. O grande teólogo Karl Rahner critica o fato de que a teologia por muito tempo teria definido Deus como se soubesse exatamente quem e como Deus é. Mas ainda estamos sempre apenas no caminho para Deus. E ao longo desse caminho, dependendo de onde nos encontramos, temos diferentes experiências com Ele. Estar no caminho também significa voltar sempre a romper com imagens e ideias a que estamos acostumados e dar adeus também a imagens de Deus que nos pareciam adequadas em um determinado trecho do nosso caminho. Elas se referem a uma experiência ligada àquele momento específico. Mas a fé significa: seguir adiante até adentrarmos o mistério de Deus, que, para além de nossas imagens, já brilha agora para nós.

Despedida das imagens infantis e doentias e das projeções

Isso significa que, em nosso caminho espiritual, temos de nos despedir sempre das antigas imagens de Deus e seguir trilhando até que novas imagens nos acompanhem por algum trecho. Precisamos nos despedir das imagens infantis de Deus, de que Deus é sempre o Pai amoroso, que sempre nos protege e que nos livra de todo infortúnio. Em nossa própria vida, passamos pela experiência de ver crianças, colegas de escola, jovens amigos morrerem, seja por uma doença insidiosa ou por um acidente. Passamos por infortúnios e perdas e não conseguimos mais conciliar com essa experiência a antiga imagem de Deus, aquela determinada pela bondade, pelo cuidado e pela atenção. A crença da infância nos dá uma sensação de segurança. Isso nos faz bem; porém, em nossa crença infantil, muitas vezes projetamos em Deus demasiadamente a nossa imagem de um bom pai ou de uma mãe cuidadosa. Mas a realidade da vida – a experiência do sofrimento e da doença, dos desastres naturais e das guerras – não corresponde mais a essas projeções. Por isso é preciso nos despedir delas.

Além das imagens infantis de Deus que nos traziam segurança na infância, há também imagens nocivas de Deus que às vezes internalizamos. Nem todos tiveram experiências positivas com seus pais na infância, nem todos receberam naturalmente uma confiança básica em seu caminho de vida. E há, de fato, a imagem punitiva de Deus ou a imagem de um Deus que controla tudo. Nesse contexto, o psicólogo Tilman Moser escreveu, de modo autobiográfico, sobre a "intoxicação por Deus". Ele descreve que, ao lado de seu pai e sua mãe, o Deus eternamente controlador e aterrorizante foi a pessoa mais importante – e ao mesmo tempo a mais tóxica – de sua infância. Essas imagens destrutivas de Deus muitas vezes estão relacionadas também a autoimagens negativas – e, além disso, geram essas autoimagens. A imagem de um Deus controlador muitas vezes corresponde à minha própria tendência de controlar tudo em mim. O motivo desse desejo de controle está, em última instância, no medo da minha própria verdade, no medo do que poderia surgir em mim se eu não me controlar completamente. E há – em muitas religiões – imagens de Deus que nos dão legitimidade para praticar a violência. Quando nos submetemos a isso, usamos Deus para nossa própria necessidade de poder e nossas fantasias de violência. Também é preciso se despedir de todas essas imagens de Deus, para que o Deus que está além de todas essas imagens, que, de acordo com Karl Rahner, é o mistério indescritível, possa tocar nosso coração.

Há fases em nossa juventude em que ficamos entusiasmados com Deus e com as missas, com as celebrações formuladas para os jovens e com as canções tocantes. Mas, na meia-idade, sentimos que nesse entusiasmo também havia muita projeção. Com 40 ou 50 anos, não podemos mais cantar aquelas canções juvenis. Elas agora nos parecem ingênuas. Alguns, então, descartam completamente sua imagem de Deus. No entanto, não se trata de renunciar a Deus, mas de dizer adeus às imagens com as quais definimos Deus, que geralmente associamos às nossas próprias projeções de desejos infantis.

Suportando a experiência do vazio interior

Frequentemente tenho a experiência de ver pessoas que dizem: "Não consigo mais ter fé. A fé me sustentou por anos. Mas agora, quando eu oro, tudo o que sinto é um vazio". Não posso, com palavras virtuosas, provar para essas pessoas que, apesar de tudo, Deus existe. Não há outra maneira senão primeiro suportar o vazio interior, despedindo-me de todas as imagens que, até então, eu tinha de Deus. A experiência do vazio é uma parte essencial do nosso caminho em direção a Deus. Nesse vazio, Deus nos parece ausente, como se realmente não existisse. Essa é uma experiência que o sacerdote João da Cruz chamou de "a noite escura da alma". Todas as imagens de Deus se ofuscam ou se dissolvem. Então, sou confrontado com a questão de me despedir simples e completamente de Deus ou se, no vazio em que não me toca mais nenhuma imagem de Deus, sinto ainda assim um anseio por algo que é maior do que eu: o anseio por um mistério que me carrega.

Por que ainda assim precisamos de imagens

É evidente que também precisamos de imagens de Deus para de algum modo podermos falar sobre Ele. "A invisibilidade nos arruína", escreveu o jovem seminarista Dietrich Bonhoeffer em uma carta a um amigo em 1931, falando sobre o desejo de ir à Índia para conhecer uma religião na qual o divino ainda é visível – e não esse "Deus lançado de volta para o invisível". Mas sempre vivemos na tensão entre a invisibilidade de Deus, que pode – nas palavras de Bonhoeffer – nos arruinar, e nosso anseio por imagens que possamos ver, que nos penetrem, que nos transmitam uma experiência.

Porém, mesmo que admitamos para nós mesmos que precisamos de imagens, ao mesmo tempo fica claro que Deus está além de todas as imagens. Portanto, devemos primeiro dizer adeus às imagens de Deus que sejam nocivas ou ingênuas e infantis. Mas também é uma questão de nos desapegarmos das imagens que temos de Deus. Ainda precisamos de imagens, mas não podemos nos apegar a elas.

Teologia negativa: ninguém jamais viu Deus

Há inúmeras definições dogmáticas que foram "despedidas" ao longo da história. O *Denzinger*, um compêndio de declarações de fé, símbolos e definições da Igreja, tem 1.800 páginas. *O Catecismo da Igreja Católica* tem mais de 800 páginas. Mesmo assim eles ainda não podem transmitir a realidade de Deus de uma forma experimentável e não conseguem realmente explicar Deus para todos nós. Só têm o sentido de manter o segredo em aberto. A dogmática não é um dogmatismo, mas a arte de manter o segredo em aberto. Até mesmo nossas formulações dogmáticas são imagens que nos permitem ter uma visão de Deus. Como Deus está além de todas as imagens, é importante dar adeus à concepção de que sabemos exatamente de Deus e de que a Igreja nos proclama a verdade absoluta. O próprio Deus é a verdade absoluta. Nossas frases são apenas caminhos para essa verdade, que está além de nossas definições dogmáticas.

"Ninguém jamais viu a Deus", diz a Bíblia (1Jo 4,12). Nos Dez Mandamentos, Deus proíbe os israelitas de fazerem para si uma imagem de Deus (Ex 20,4 e Dt 5,8). As religiões no entorno de Israel

> *Como Deus está além de todas as imagens, é importante dar adeus à concepção de que sabemos exatamente de Deus e de que a Igreja nos proclama a verdade absoluta. O próprio Deus é a verdade absoluta. Nossas frases são apenas caminhos para essa verdade, que está além de nossas definições dogmáticas.*

retratavam Deus em imagens. A proibição de criar uma imagem fixa de Deus também afeta nossa autoimagem. Podemos estar em contato com nosso verdadeiro eu, com a imagem única que Deus fez de nós; mas como essa imagem se parece, não podemos descrever. Algo semelhante acontece com a experiência de Deus. Sentimos algo de Deus; porém não podemos descrever o que sentimos, pois são apenas traços de Deus que percebemos. A tradição da "teologia negativa" captou essa experiência. Fala-se da "teologia apofática", uma teologia que nega. Dionísio Areopagita a define assim: "Em relação ao divino, as negações são verdadeiras; as afirmações são inapropriadas". Nicolau de Cusa assume essa teologia negativa. Ele fala de um "desconhecimento que conhece".

O que permanece: um mistério que abordamos com um Você

Muitas pessoas hoje em dia hesitam com a opinião frequentemente defendida de que Deus não é uma pessoa, mas que é algo impessoal, que é uma energia, que é a base de todo o ser. Quando muitas pessoas em conversas comigo reclamam que não sentem um relacionamento com Deus, eu as remeto à experiência de um Deus suprapessoal: às vezes, não sentimos o Você de Deus, mas um Deus como o amor que tudo permeia, como a beleza enquanto força ordenadora em tudo o que há. Nossa percepção de Deus pode mudar. Às vezes, sentimos Deus como um Você, como uma pessoa que se dirige a nós, porém, às vezes, mais como suprapessoal. Mas mesmo quando falamos de Deus como uma pessoa, não devemos transferir para Ele nossa imagem humana de uma pessoa. Deus não é uma pessoa da mesma forma que chamamos um ser humano de pessoa; Ele é o mistério incompreensível, conforme denomina Karl Rahner. Mas esse grande teólogo também estava convencido de que podemos abordar esse mistério incompreensível com o Você. É evidente que esse Você é diferente de um amigo que tratamos por "você". Rahner fala de sua experiência pessoal de que, apesar de toda a incompreensibilidade de Deus, que transcende todas as nossas noções de pessoa, ele pode, contudo, tratar por Você a esse mistério de Deus, porque por trás desse mistério manifesta-se algo da realidade que experienciamos no relacionamento com um pai e uma mãe.

E as muitas religiões?

Muitos também se perguntam hoje em dia qual é o Deus certo, já que as diferentes religiões têm imaginários diferentes sobre Ele. A resposta a essa pergunta é que existe apenas um Deus. As religiões têm apenas imagens diferentes de Deus. Mas Ele está além de todas as imagens e palavras. Esse é exatamente o paradoxo de termos que falar desse Deus indescritível por meio de palavras. Temos apenas imagens. Também as imagens que outras religiões têm de Deus podem nos abrir para o Deus que está além de todos os conceitos e imagens. E também os judeus e os muçulmanos conhecem o Deus indescritível, que não deve mais ser definido com imagens ou nomes.

Desafiado pelo ateísmo

Em nosso mundo secularizado, muitas pessoas nem sequer se perguntam sobre Deus. Elas são – como formulou Max Weber – "religiosamente não musicais". Max Weber também sofria com isso. Mas, atualmente, muitos parecem bastante satisfeitos com essa não musicalidade religiosa. Eles preferem pensar que as pessoas que acreditam em

Deus precisam de Deus, pois sem Ele não conseguem lidar com suas próprias vidas. É importante encarar esses debates. O ateísmo de muitas pessoas hoje em dia é para nós, cristãos, um desafio: como posso continuar acreditando em Deus? Por um lado, precisamos dar adeus a algumas imagens muito seguras e fixas de Deus. Por outro lado, também devemos procurar maneiras de experienciar Deus e de nos apegar a Ele em meio à situação de dúvida, para que Ele se torne como uma base sobre a qual nos mantemos firmes e encontramos apoio, diante de toda incerteza. O caminho para Deus hoje certamente passa pelo mundo: ao observar a beleza do mundo, vislumbro algo de Deus, que é a beleza primordial. Quando ouço música, sinto que ela me transporta para outro mundo, no qual o mistério da transcendência reluz para mim. Ao olhar para a vastidão do universo, à qual a astronomia me conduz, sou tocado pelo tamanho infinito do cosmos e me sinto pequeno como ser humano. Nesse caso, também digo adeus às imagens grandes demais que fizemos dos seres humanos.

Diante da ciência moderna – mantendo uma perspectiva aberta

Além do desafio colocado pelo ateísmo, há também o desafio das ciências modernas, como a astronomia, que nos permite observar a extensão infinita do universo, a neurociência, que mostra a relação das concepções religiosas com determinadas áreas do cérebro, e a psicanálise, que entende algumas representações de Deus como projeções de desejos infantis. Nossa fé em Deus é hoje contestada. É importante que nós, cristãos, nos confrontemos com todas essas questões, mas, ainda assim, também vejamos que, por trás de tudo, está aquele que a Bíblia nos descreve como Deus, o criador e a base de todo o ser, o amor que permeia o mundo todo e que também deseja nos transformar em pessoas de amor. É nossa tarefa manter aberta essa perspectiva como questão de Deus em nossa sociedade secular. Com isso, prestamos um serviço importante à sociedade. Mantemos os céus abertos acima de todo o caos em que o mundo ameaça afundar hoje.

A fé entre a dúvida e o risco

Dizer adeus e recomeçar, desapegar e seguir em frente, é também disso que se trata o nosso relacionamento com Deus. O caminho passa pela dúvida que sempre volta a surgir: Deus é apenas um produto de nossa imaginação? Será que estamos nos iludindo com a nossa fé em Deus? Ao mesmo tempo, nosso caminho exige um risco. Apesar de toda incerteza, apesar de todas as dúvidas, é importante ousar ter fé, arriscar o salto para a fé. O filósofo católico Peter Wust, já na década de 1930, em seu livro *Ungewissheit und Wagnis* [Incerteza e risco], descreveu corajosamente essa tensão entre a dúvida e a fé, entre a incerteza e o risco. Sua experiência também vale para nós hoje. Não podemos simplesmente fingir que podemos nos apegar a todas as antigas concepções e imagens de Deus e de nossa fé. Temos que nos despedir das velhas certezas. Mas, diante de toda a incerteza, assim como o rabino judeu mencionado na tradição hassídica, podemos nos contrapor àqueles que, com demasiada certeza, negam a existência de Deus, e dizer as palavras: "Mas talvez seja verdade!" Essa única palavra "talvez" pode deixar o negador de Deus mais hesitante do que todos os argumentos teológicos. Nós também esperamos, como o rabino judeu, que o "talvez" aponte para a verdade mais do que todas as reflexões espirituosas. Não se trata de alegações abstratas ou teóricas. E cabe a nós convencer as outras pessoas disso, por meio de nossa vida, de nossas ações. Isso é o que Martin Buber, um pensador que também faz parte da tradição hassídica, quis dizer quando afirmou (*Ich und Du*, p. 137): "O encontro com Deus não acontece com o homem para que ele possa se dedicar a Deus, mas para que ele possa atestar seu senso do mundo".

> A experiência do vazio é uma parte essencial do nosso caminho em direção a Deus. Nesse vazio, Deus nos parece ausente, como se realmente não existisse. Então, sou confrontado com a questão de me despedir simples e completamente de Deus ou se, no vazio em que não me toca mais nenhuma imagem de Deus, sinto ainda assim um anseio por algo que é maior do que eu: o anseio por um mistério que me carrega.

Despedida das imagens da Igreja
de tradições ultrapassadas a uma animada comunidade de fé

O que há por trás das imagens da Igreja: representações e realidade

Ein Haus voll Glorie schauet, weit über alle Land [Uma casa cheia de glória olha ao longe por toda a terra], escrita e composta por Joseph Mohr em 1875, foi uma das canções da Igreja Católica alemã mais cantadas em nossas paróquias, especialmente em ocasiões festivas. O sentimento triunfal associado a ela hoje nos parece estranho. Para muitos, hoje em dia, é difícil lembrar até mesmo o segundo verso da música: *Aus ewgem Stein erbauet, von Gottes Meisterhand* [Construído com pedra eterna, pela mão de mestre de Deus]. O que vem à mente é mais a imagem do desmoronamento, a representação de fachadas petrificadas devido ao erro humano.

Não é mais possível dizer que a Igreja seja uma instituição inquestionavelmente "santa" após inúmeros incidentes de conduta abusiva da Igreja se tornarem públicos. O número de pessoas que deixam a Igreja, que já havia aumentado drasticamente nos últimos anos, está mais alto do que nunca. Torna-se visível não apenas a alienação entre os membros da Igreja e a vida de fé na comunidade paroquial, a qual tem sido observada há muito tempo. Também cresceu a discrepância entre as autoimagens tradicionais da Igreja e as percepções de fora. Quando um jornal (cf. *FAS* 27/02/2022) listou palavras-chave sobre a situação da Igreja, apareceram termos como frustração, decepção, desamparo, incapacidade e falta de transparência. Mesmo quando essas palavras-chave expressem uma percepção apenas de um lado, a situação atual a partir delas, de modo geral, está certa. Há um clima generalizado de despedida. Mas não há apenas a sensação de que algo está se rompendo. Também são muito perceptíveis o anseio por um novo despertar e a busca por novas fontes de vitalidade. E há a convicção: mesmo uma Igreja que está diminuindo pode ter uma influência na sociedade, se proclamar de forma convincente a mensagem de Jesus, de modo que os anseios das pessoas sejam atendidos. Dizer adeus a uma Igreja do povo, que está inquestionavelmente ancorada em toda a amplitude da sociedade, não significa se despedir da fé no poder espiritual da mensagem cristã. Pelo contrário, os sinais inconfundíveis da despedida de uma determinada forma da Igreja podem nos provocar a pensar mais profundamente sobre sua verdadeira missão na nossa sociedade e no nosso tempo.

Há um clima generalizado de despedida em diversos sentidos. Mas não há apenas a sensação de que algo está se rompendo. Também são muito perceptíveis o anseio por um novo despertar e a busca por novas fontes de vitalidade.

Por trás das imagens da Igreja há também concepções teológicas, conceitos e tradições: o que queremos dizer quando afirmamos que a Igreja é o "corpo de Cristo" ou a "mãe da fé"? Com relação à Igreja, a questão é sobre "coleta" e "missão", mas com objetivos diferentes. Quem usa a imagem do "pequeno rebanho", no entanto, tem em mente uma imagem diferente da Igreja do que aqueles que falam do "povo peregrino de Deus" que está a caminho, em meio à comunidade humana.

Alguns fazem distinção entre a "Igreja institucional" e a "Igreja do povo". Os outros falam do centralismo da "Igreja do papa" ou, também em vista das responsabilidades da paróquia, de um "centralismo do clero". Eles veem uma fixação na hierarquia eclesiástica, que dá à base de fiéis batizados muito pouco espaço na vida da Igreja. Outros constatam que uma "Igreja de homens" priva as mulheres de direitos e que, na era da igualdade de gênero, terão, no futuro, de abandonar tradições antiquadas. E, finalmente: aqueles que chamam a Igreja de "instituição moral" têm em mente uma experiência diferente, uma visão diferente e uma imagem diferente daqueles que a veem como um "baluarte da moral" contra a decadência dos costumes.

> Os sinais inconfundíveis da despedida de uma determinada forma da Igreja podem nos provocar a pensar mais profundamente sobre sua verdadeira missão na nossa sociedade e no nosso tempo.

Despedida da "Igreja do povo"

Inegavelmente, uma coisa já mudou há muito tempo: a relevância da fé cristã como um fundamento básico da nossa sociedade e a relevância da Igreja como uma instituição amplamente aceita em nossa sociedade, com um *status* jurídico vantajoso e como provedora de inúmeros serviços públicos. Há décadas, os teólogos também têm falado sobre o "adeus à Igreja do povo" quando pensam sobre o que poderia ser, no futuro, uma visão orientadora para a Igreja em nossa sociedade plural e mundana.

Por outro lado, muitos fiéis lamentam a perda das antigas tradições da Igreja. Quando o Concílio Vaticano II alterou a prescrição da liturgia para se aproximar da liturgia das pessoas, houve muitos católicos que sentiram falta da antiga liturgia em latim. Eles não compreenderam que a Igreja também evolui e que sempre esteve se transformando. Mas as formas litúrgicas antigas são para muitos tão familiares que eles acham difícil se despedir delas e se envolver com novas formas. Naturalmente, a Igreja também precisa de uma tradição saudável. Tradições também dão às pessoas uma sensação de segurança. Mas a tradição sempre esteve em movimento. Ela nunca foi rígida.

Algumas pessoas hoje também têm nostalgia dos anos 50 do século passado, quando as igrejas ainda eram cheias durante as missas. Mas elas se esquecem de que naquela época também havia muita coerção social, especialmente nas cidades menores. Ir à igreja simplesmente fazia parte da rotina. Se ela estava sempre plena do espírito cristão já é outra questão. Não podemos simplesmente restaurar esses velhos comportamentos. A sociedade mudou, a Igreja mudou. Somente quando nos despedimos das tradições de costume é que nos abrimos para o que realmente constitui hoje a nossa fé, para o que está no cerne do legado cristão. Nisso, é bem possível que reavivemos antigas tradições e formas. Mas, nesse caso, não se trata simplesmente de uma repetição, mas de uma nova interpretação.

Confiança abalada:
adeus à imagem da santa Igreja

Os estudos sobre abuso encomendados por várias dioceses abalaram muitos cristãos. Como resultado, muitos não apenas se afastaram, mas se despediram definitivamente da Igreja. Eles não confiam mais nela como instituição. Nela eles não se sentem mais em casa. Eles ficaram tão decepcionados com o fato de que os próprios encarregados que os fizeram se sentir culpados com seus sermões morais pudessem agir de forma tão represensível moralmente ao abusarem sexualmente de crianças. Nessa Igreja tornaram-se evidentes as estruturas de poder que promoveram o abuso. E pudemos perceber dolorosamente que por trás de palavras austeras demais muitas vezes escondem a necessidade de ser amado e admirado. A incerteza causada por essas experiências nos força a dar adeus à imagem ideal da

Igreja. Mas somente ao nos despedirmos dessas imagens é que poderemos também descobrir os lados bons da Igreja, a riqueza da tradição espiritual, a riqueza da liturgia, o engajamento de muitos cristãos com pessoas à margem da sociedade, o serviço altruísta de muitos padres e freiras. E reconhecemos que a história da Igreja sempre foi marcada por tempos sombrios. Contudo, houve muitos santos nessa história que se comprometeram por inteiro com as pessoas, que viveram suas vidas honradamente diante de Deus e que tiveram experiências espirituais profundas. Ao nos despedirmos das imagens ideais da Igreja, abrimo-nos para a Igreja que o Papa Francisco chamou de "hospital de campanha", um lugar onde as pessoas feridas experienciam a cura. Hoje, a imagem da Igreja como uma casa cheia de glória, a imagem da igreja hierárquica, não é mais possível de se transmitir. O Concílio Vaticano II, em sua Constituição sobre a Igreja, elaborou a imagem do povo peregrino de Deus. De acordo com ela, caminhamos juntos com outras pessoas, com fiéis de outras religiões, com ateus. Não nos colocamos acima dos outros, mas sim estabelecemos conversas com eles ao longo do caminho para tentarmos comunicar-lhes nossa visão do ser humano e do mundo.

Atualmente, muitas pessoas também deixam a Igreja porque não sentem que suas opiniões políticas são representadas por ela ou porque não aprovam seu engajamento com os refugiados. Os opositores das vacinas saíram porque a Igreja não os apoiou em sua posição. Não foram poucos os que também queriam simplesmente economizar o imposto da Igreja. É fato que os vínculos sociais e emocionais com as instituições não são mais tão fortes hoje como eram antes. No passado, o vínculo com a Igreja era estabelecido pela difusão da fé nas famílias. Na

Igreja, sentia-se em casa. Essa sensação de lar muitos cristãos perderam hoje em dia. Também não é fácil para a Igreja combinar as diferentes tendências que prevalecem em uma comunidade concreta. Mas, ao fazer isso, ela pode contribuir significativamente para garantir que nossa comunidade não se desintegre e que as diferenças não nos dividam. Pois também na sociedade estamos vendo que as pessoas estão cada vez menos capazes de tolerar outras opiniões e de lidar de maneira amigável e justa com aqueles que pensam de forma diferente.

Somente ao nos despedirmos de imagens ideais ultrapassadas é que poderemos também descobrir os lados bons da Igreja, a riqueza da tradição espiritual, a riqueza da liturgia, o engajamento de muitos cristãos com as pessoas à margem da sociedade, o serviço altruísta de muitos padres e freiras.

Onde está a oportunidade?

A despedida dos que deixam a Igreja causa dor aos que permanecem nela. Mas eles não devem deixar que tamanha evasão os levem a uma "depressão da Igreja", que pressupõe que ela irá ruir. Em vez disso, eles devem aproveitar a situação como uma oportunidade para refletir sobre a essência da Igreja. Ela pode tocar com sua riqueza espiritual o anseio das pessoas; mas deve primeiro ouvir os anseios das pessoas, antes de dar uma resposta. A Igreja precisa de ambos: humildade, ou seja, a percepção de que ela é tão marcada por erros e fraquezas quanto qualquer outra comunidade. E, ao mesmo tempo, autoconfiança, porque ela não está deixada à própria sorte, mas é permeada pelo espírito de Deus. O espírito de Deus pode sempre trazer um novo despertar para a Igreja, pois ela sempre reivindicou para si a frase: *"ecclesia semper reformanda* = a Igreja deve ser sempre renovada". Essa é a nossa tarefa hoje: ouvir dentro de nós o espírito de Jesus a partir desse espírito de renovação, em vez de nos deixarmos arrastar pelas opiniões externas. Assim, a crise da Igreja também se torna uma oportunidade de permitir que o espírito de Jesus e sua mensagem nos penetrem novamente e nos transformem.

Uma visão que abre o futuro – ouvir os anseios

Em primeiro lugar, a tarefa da Igreja é ouvir os anseios das pessoas. Há o anseio por uma vida com sentido, pela cura da própria história de vida, por esperança e confiança. E há o anseio por uma experiência espiritual, por uma experiência mística. Karl Rahner formulou a conhecida frase: "O cristão do futuro será um místico, isto é, alguém que experienciou algo, ou não será mais". Para responder a esse anseio é preciso uma linguagem que realmente toque o coração das pessoas. É preciso uma Igreja na qual as pessoas que buscam por espiritualidade se sintam atendidas, na qual elas sejam introduzidas na experiência mística: na experiência marcante de um Deus curador e libertador.

Outro anseio é por justiça e igualdade de direitos. A Igreja não só tem a tarefa de levantar a voz quando se trata de estruturas injustas na sociedade, como precisa também viver a justiça em sua própria organização. Na Igreja prevalecem as relações de poder que muitas vezes não são nem claras nem transparentes. Portanto, é preciso tornar as estruturas da Igreja mais transparentes. Ela foi por muito tempo uma Igreja só de homens. Embora muitas mulheres tenham se envolvido nela, o acesso ao sacerdócio lhes foi negado. A Igreja não pode passar ao largo da demanda por direitos iguais para as mulheres. Não há razões teológicas de peso contra o sacerdócio das mulheres e também não há razões contra padres casados.

Um tema que afeta a todos nós é a mudança climática e o relacionamento correto com a criação. Muitas paróquias são hoje sensíveis a isso. O Papa Francisco, em sua Encíclica *Laudato si'*, colocou a preocupação com um meio ambiente saudável, a casa comum da Terra, no centro de sua mensagem. Para ele, o compromisso com a proteção de nossa criação sempre tem uma dimensão social. A exploração da natureza sempre leva à exploração das pessoas. A Igreja tem a tarefa de mostrar a dimensão espiritual da proteção ambiental. Meros apelos morais, por si sós, nos movem tão pouco quanto os cenários catastróficos já nos levam a proteger o meio ambiente.

Outro anseio é o de reconciliação. Sentimos que muitas pessoas têm dificuldade de se reconciliar consigo mesmas e com sua história de vida. Precisamos da mensagem de reconciliação a que Paulo nos conclama em 2Cor 5. Mas também desejamos a reconciliação na sociedade e no momento; porém, estamos vivenciando o oposto. A sociedade está se tornando cada vez mais dividida entre grupos que não se ouvem mais. É preciso não apenas proclamar a reconciliação, mas também vivê-la em uma boa convivência entre homens e mulheres, entre ricos e pobres, entre conservadores e progressistas, entre as diferentes direções espirituais. Nesse aspecto, a Igreja do povo tem sua razão de ser na medida em que integra os diferentes grupos e evita o perigo de uma comunidade elitista. Karl Rahner disse certa vez: "Você não pode ter uma pátria se não estiver preparado para conviver com seus filisteus e guardas noturnos. O mesmo acontece com a Igreja". Ela poderia criar um espaço onde muitas pessoas se sentissem em casa, em vez de excluir pessoas que não atendem às nossas exigências de uma pessoa madura.

Por que precisamos da comunidade

A fé é de fato algo pessoal, diz respeito ao meu relacionamento pessoal com Deus. Porém não podemos acreditar sozinhos, precisamos de uma rede de contatos na fé, precisamos da comunidade que chamamos de Igreja. Quando celebramos juntos as festas do ano eclesiástico, podemos experimentar na comunidade o poder de cura dessas festas. E, ao mesmo tempo, trazemos para a sociedade secularizada uma centelha da esperança de que Deus também hoje pode ser experienciado, de que a história de Jesus ainda hoje pode revelar seu efeito de cura e libertação. A celebração dos rituais da Igreja nos coloca em contato com nossas raízes. A falta de raízes costuma ser hoje uma causa de depressão. Nossa sociedade e o indivíduo precisam de raízes para que a vida funcione.

> *A fé é de fato algo pessoal, diz respeito ao meu relacionamento pessoal com Deus. Porém não podemos acreditar sozinhos, precisamos de uma rede de contatos na fé, precisamos da comunidade que chamamos de Igreja.*

Em uma época em que temos que nos mostrar constantemente, mas ao mesmo tempo vivemos com medo de não sermos bons o suficiente, é importante continuar a proclamar a mensagem de que somos incondicionalmente aceitos por Deus. O teólogo protestante Paul Tillich descreve essa mensagem como a "aceitação do inaceitável". É uma mensagem libertadora. E isso também se aplica às pessoas que se sentem rejeitadas por não atenderem aos padrões e às exigências da sociedade. A mensagem do perdão nos livra de querermos ser uma Igreja de pessoas perfeitas. A Igreja, do modo como se apresenta nas paróquias, também é uma comunidade de pessoas fracas e pecadoras. É exatamente isso que ela faz, com humanidade e misericórdia, em um mundo que julga as fraquezas sem piedade.

Assim, ela continuará a ter uma tarefa importante em nosso mundo também no futuro. Pessoas que se sentem anônimas, ela reúne em uma comunidade; cuida de pessoas que são negligenciadas pela sociedade, como os doentes, os psicologicamente instáveis, os marginalizados e os sem-teto. E ela mantém em aberto a questão de Deus em nossa sociedade. Isso também é um serviço para as pessoas. Pois o ser humano só se torna humano se estiver aberto para o mistério, que é maior do que ele próprio.

Onde se vive aquilo que Jesus queria

Sonho com uma Igreja confiável, que viva aquilo que Jesus queria e que se empenhe com todas as suas forças por um mundo justo. Sonho com uma Igreja que se torne o fermento de reconciliação para nossa sociedade. E sonho com uma Igreja que transmita esperança às pessoas, esperança de uma vida com sentido, esperança de paz, esperança de boa convivência entre todas as pessoas. E eu sonho com uma Igreja que seja um lugar onde as pessoas se sintam atendidas em seus anseios espirituais e onde possam expressar o que corresponde ao seu anseio por misticismo. Sonho com uma Igreja que combine de forma convincente ambos os polos do *Ora et Labora*, luta e contemplação, misticismo e política, e assim se torne uma bênção para o nosso mundo.

Quando falamos da coragem de seguir em frente, precisamos nos entender sobre nossa direção; concentrar-nos em metas concretas e também falar do poder da esperança que está também nas visões ou nos sonhos. Sonho com uma Igreja confiável, que viva aquilo que Jesus queria.

Quando as igrejas são demolidas ou reutilizadas
Criando espaços de experiência espiritual

Como os cristãos estão se tornando cada vez menos numerosos na Europa, igrejas estão sendo constantemente demolidas ou reutilizadas e destituídas de seu propósito original. Algumas delas são igrejas que foram construídas após a guerra, especialmente nos anos de 1960, porque as igrejas antigas eram muito pequenas ou porque novas paróquias foram criadas. Para os padrões atuais, elas foram, em geral, superdimensionadas. Às vezes, porém, elas têm defeitos estruturais tão graves que não vale mais a pena tentar recuperá-las. Mas quando elas são demolidas, para as pessoas é muito difícil se despedir delas. Isso não se aplica apenas aos frequentadores da igreja, cuja biografia pessoal está vinculada a ela. Também se aplica a pessoas que não se consideram fiéis, mas que reconhecem que a igreja foi uma parte essencial do que é um lar para elas: não apenas como uma construção de destaque em uma paisagem urbana que cresceu, mas também como uma expressão da atmosfera do lugar.

Às vezes, igrejas mais antigas também são demolidas. Nesse caso, a dor costuma ser ainda maior. As igrejas marcaram o local, deram a esse lugar um sentimento do mistério. Pois o lar é somente onde reside o mistério. Só se pode estar em casa onde o mistério é palpável. Se junto com a igreja também for demolida essa referência ao misterioso, então as pessoas sentem falta de alguma coisa. Elas não são mais lembradas pela igreja do que é maior do que elas. Silenciam-se os sinos, que haviam se tornado um som familiar. Quando as pessoas passavam pela igreja, podiam se lembrar de que havia algo no meio de sua cidade que apontava para além do cotidiano. As torres da igreja apontam para o céu; elas abrem o céu sobre uma cidade que, muitas vezes, está preocupada demais consigo mesma e onde tudo ameaça se tornar banal.

Os edifícios das igrejas que não são mais necessários para a missa não precisam necessariamente ser demolidos. Despedir-se do espaço de adoração pode levar a um novo despertar, se lidarmos de forma criativa com esses recintos que se tornaram grandes demais. Na Holanda, por exemplo, muitas igrejas foram divididas em um espaço para missas e um espaço para eventos culturais, onde ocorrem palestras ou apresentações musicais. Na Alemanha, também, algumas igrejas antigas se tornaram as chamadas "igrejas de concertos". Em Neubrandenburg, por exemplo, a igreja gótica Marienkirche foi transformada em uma sala de concertos. Outras igrejas foram reutilizadas como as chamadas columbárias. Isso significa que é um espaço digno como repositório para as urnas funerárias. Lidar com a morte e acompanhar os enlutados sempre foi uma das incumbências da igreja. Nesse sentido, não era apenas nas igrejas antigas que havia também túmulos; o sepultamento de falecidos atualmente ainda é uma das tarefas centrais da igreja. Caso uma igreja não seja mais usada como espaço de celebração de missas, a comunhão entre vivos e mortos poderá ainda ser expressa sob o teto da igreja e a esperança da ressurreição poderá encontrar expressão em uma forma apropriada.

Devemos buscar soluções para o futuro com um olhar criativo: a que anseios e necessidades os prédios da igreja poderiam responder nas pessoas, nas comunidades e nas cidades? Como também as igrejas antigas poderiam continuar a ter um significado simbólico em uma cidade e dar às pessoas uma sensação de lar?

Não há soluções gerais para lidar com essas construções. No entanto, não se deve permanecer na dor da despedida, mas buscar soluções futuras com um olhar criativo, ou seja, primeiramente se perguntar: a que anseios e necessidades os edifícios da igreja poderiam responder nas pessoas, nas comunidades e nas cidades? Se for usada imaginação o suficiente, as igrejas antigas poderiam continuar a desempenhar um papel importante em uma cidade e ter um significado simbólico. Elas continuariam a dar aos habitantes uma sensação de lar. O significado do prédio da igreja, no sentido da abertura de um espaço intelectual ou espiritual, permanece, mesmo que nele apenas se toque música. A música, desde suas origens, é sempre também música religiosa, na medida em que é, segundo Joachim-Ernst Berendt, uma travessia: uma travessia para outro mundo, transcendente, no qual o divino se torna tangível para nós.

....
Devemos buscar soluções futuras com um olhar criativo: a que anseios e necessidades os edifícios da Igreja poderiam responder nas pessoas, nas comunidades e nas cidades? Como também as igrejas antigas poderiam continuar a ter um significado simbólico em uma cidade e dar às pessoas uma sensação de lar?
....

Indo ao encontro da última despedida

Envelhecimento e velhice
despedindo-se das capacidades e experimentando novas liberdades

Uma nova forma de coragem para viver

Envelhecer é um processo que dura a vida inteira, de criança a adolescente, de jovem a adulto e, finalmente, a idoso: uma jornada interior de transformações e sempre ligada a despedidas. Como jovens, queremos nos despedir de sermos crianças, finalmente ter voz ativa e assumir responsabilidades. Quem envelhece fica ansioso por se livrar em algum momento de obrigações maçantes, deixar as responsabilidades para trás e simplesmente poder viver – de preferência até uma velhice sem preocupações.

E a velhice em si? Também a velhice é um processo interessante, diz o alpinista radical Reinhold Messner, então com mais de 80 anos: "Er erzählt von seinen bleibenden Leidenschaften, seiner ungebrochenen Begeisterungsfähigkeit" "Nenhum de nós pode fazer aos 80 anos o que fazia aos 20, 40 ou 60. É doloroso, mas é a verdade" (*FAS 27/02/2022*). Ele reconhece que sua velocidade e força se tornaram mais fracas, sua resistência diminuiu e até mesmo sua capacidade de sofrer ficou menor. Mas ele também fala sobre a busca contínua pela felicidade e a energia que o leva sempre adiante. E também sobre os medos que não diminuem com a idade. Para ele, entretanto, esses medos não são nada negativos, mas sim uma nova e diferente forma de coragem para viver.

Eu mesmo – embora nunca tenha sido um montanhista de verdade – costumava ter uma paixão enorme por escalar picos cada vez mais altos. Quando faço caminhadas nos Alpes hoje, não tenho mais essa ambição de escalar cada vez mais alto ou de empreender passeios cada vez mais longos. Eu sinto as minhas limitações físicas. Nos últimos anos, eu costumava fazer sempre uma semana de caminhadas nos Alpes com meus irmãos e irmãs; mas sentimos que não podemos mais planejar se isso ainda será possível no próximo ano. Vez ou outra, um irmão ou uma irmã tem alguma queixa sobre o corpo. E não sabemos como será daqui a cinco anos. Sentimos que temos de aceitar nossas limitações e dar adeus à nossa ambição de subir o mais alto possível.

Gerenciei uma fábrica com êxito. Agora cuido do meu jardim. Quando agora eu capino o mato, quando fico brigando com as toupeiras no jardim ou aparo os galhos das minhas macieiras, às vezes penso: na verdade eu poderia realizar coisas mais importantes. Mas por que o que eu faço agora deveria valer menos?

Hoje em dia, muitas pessoas apreciam, mesmo na velhice, que ainda estejam saudáveis e em forma, que possam viajar para países distantes e que sua capacidade de criar ainda não tenha acabado. Mas, em algum momento, chega a hora em que a pessoa idosa sente seus limites. Ela se cansa mais rapidamente. Leva mais tempo em algumas atividades. Esquece os nomes dos conhecidos, não tem mais o título ou o conteúdo dos livros na ponta da língua. E percebe que seu corpo se torna mais suscetível a doenças. Precisa ver tudo isso: as perdas gradualmente perceptíveis no desempenho físico e, até certo ponto, também no desempenho cognitivo, as limitações gradualmente perceptíveis nas habilidades rotineiras. Mas isso não é tudo.

Experiências de perda não são tudo

A velhice é muitas vezes também a experiência da perda: perda da relevância, da importância e das capacidades. De repente, as habilidades antigas não são mais as mesmas. Acompanhei um professor de teologia que durante seu tempo de atividade era muito requisitado para palestrar em programas de rádio. Agora, na velhice, ninguém mais queria ouvir suas reflexões. Além disso, agora ele estava sem secretária. Ele não conseguia escrever no computador. Assim, ele teve de se despedir da importância que costumava ter, de ser requisitado e de ser útil. Uma tal despedida também pode ser uma oportunidade de se perguntar: se meus pensamentos e minha capacidade de elucidar as coisas não forem mais solicitados, quem sou eu? O que significam, então, minhas ideias para meu caminho pessoal? Quem sou eu mesmo, como pessoa espiritual? Como posso seguir meu caminho espiritual, bem como meu caminho pessoal com Deus, sem que os outros se interessem? Esta é uma prova de fogo da minha teologia e da minha espiritualidade: agora não se trata mais de escrever algo interessante sobre espiritualidade para outras pessoas, mas de vivê-la eu mesmo.

Muitas pessoas idosas têm experiências como a que acabamos de descrever: os jovens sabem tudo melhor. As pessoas mais velhas não estão familiarizadas com as novas mídias nem têm ideia do moderno mundo de possibilidades técnicas. É doloroso, especialmente para as pessoas instruídas, perceber isso: aquilo que era e ainda é importante para nós não interessa nada aos jovens. Não podem conversar sobre poetas e músicos que para elas são muito importantes. Teatro, ópera e concertos, um mundo que elas conhecem bem e sempre amaram, são um mundo estranho para os mais jovens. Não podem compartilhar com eles o conhecimento que adquiriram. Assim, as pessoas mais velhas se tornam solitárias com seus conhecimentos e habilidades, que ninguém mais quer solicitar.

Também agora acontecem coisas novas

O sociólogo Franz-Xaver Kaufmann fala da transição da terceira para a quarta idade, que muitas vezes é acompanhada de deficiências duradouras. De algumas coisas é preciso se despedir abruptamente, enquanto outras se transformam: o ritmo da vida fica mais lento; a perspectiva para o futuro fica mais estreita; e o que está perto, o ambiente mais próximo, torna-se mais importante. E mesmo assim, também aqui, acontecem coisas novas: "Não envelhecemos com os anos, ficamos cada dia mais novos", diz a poeta americana Emily Dickinson. E também o monge budista vietnamita Thich Nhat Hanh relatou algo semelhante na velhice ao refletir sobre sua vida: "É curioso, todo dia eu acordo com uma nova ideia, como uma árvore velha que produz flores novas". Portanto, não ficamos apenas mais desgastados. Não se trata apenas de uma mudança negativa – está surgindo também algo novo. Novo significa: uma nova qualidade. Quanto mais se envelhece, mais se adquire novos pontos de vista, novas vivências. Quando eu mesmo leio hoje os textos bíblicos antigos, vejo-os novamente no contexto daquilo que é importante para mim em minha idade. Isso torna minha vida mais rica hoje.

Mesmo na velhice, a busca pela felicidade continua e a energia se mantém. E nem mesmo os medos precisam ser evitados. Esses medos não são nada negativos, mas sim uma nova e diferente forma de coragem para viver.

Olhando para a frente

Há muitas pessoas mais velhas que ficam remoendo mágoas ou erros do passado. Não conseguem se perdoar por não terem vivido corretamente, por não terem ido muito longe na vida. Tudo isso, no fim das contas, são pensamentos inúteis que na velhice apenas nos sobrecarregam. "Agora é o começo do resto da sua vida" – essa atitude é importante. Em vez de me julgar ou sentir pena de mim mesmo, olho para a frente. Agora, neste momento, eu começo de novo, Deus começa comigo de novo. Então, o que passou não conta mais. Decisivo é o momento presente. Mas essa palavra também mostra que cada momento é precioso. Mesmo que eu tenha cometido erros no passado: nunca é tarde demais para voltar atrás, para começar de novo. Isso é esperança para nós mesmos, mas ao mesmo tempo nos dá esperança pelas pessoas que acompanhamos. Mesmo que tenhamos a impressão de que elas reprimem sua morte ou que se fecham para Deus, ainda assim podemos confiar que o último momento pode ser o início de uma nova vida para elas.

....
Em qualquer idade, ainda estamos dando sempre os primeiros passos. Independentemente de nossa idade, nunca teremos esgotado ainda o nosso potencial. Mesmo em idade avançada, ainda não chegamos a começar de fato (Ruth Pfau).
....

Uma nova fase da vida, com novas esperanças

Um ex-empresário, hoje com mais de 75 anos, diz: "Por muito tempo gerenciei uma fábrica e com êxito. Agora cuido do meu jardim. Quando agora eu capino o mato, quando fico brigando com as toupeiras no jardim ou aparo os galhos das minhas macieiras, às vezes penso: na verdade eu poderia realizar coisas mais importantes. Mas por que o que eu faço agora deveria valer menos? Muitas coisas que eram importantes, agora simplesmente não são mais importantes para mim. Ponto-final."

Mesmo quando uma fase ativa termina, sempre há algo novo para experimentar, algo novo para vivenciar e algo novo para descobrir: sobre você mesmo, sobre as pessoas ao seu redor e sobre o mundo. Viver significa sempre começar. Todo dia. O desafio também pode estar nas pequenas coisas, na vida cotidiana. A médica especialista em hanseníase, Ruth Pfau, que aos 83 anos de idade iniciou um projeto completamente novo e criou uma instituição de assistência a deficientes no Paquistão, certamente é difícil de se imitar, por seu vigor e dinamismo. Mas ela está basicamente correta quando resume sua própria experiência da seguinte forma: "Em qualquer idade, ainda estamos dando sempre os primeiros passos. Independentemente de nossa idade, nunca teremos esgotado ainda o nosso potencial. Mesmo em idade avançada, ainda não chegamos a começar de fato".

Mesmo que nossa força seja limitada, temos a oportunidade de nos envolver com o novo que cada momento nos prepara: ouvindo, vendo, cheirando, percebendo com todos os nossos sentidos. Assim conta Ilse Schunk, de 90 anos, em uma conversa com a revista *Einfach leben*, sobre o quanto isso a ajuda a perceber a beleza, mesmo que ela não possa mais se movimentar como antes: "Fico feliz quando olho pela janela e observo os pardais brincando nos arbustos e brigando alegremente. Para mim, a janela é suficiente. Olhar pela janela é uma maneira de trazer o mundo para dentro de casa. Até pouco tempo atrás, o teixo do lado de fora da minha janela parecia uma vassoura de mato, de tão denso que estava. Eu já o havia podado. Mas então, depois da chuva, apareceram de repente as novas folhas verdes e delicadas. E agora ele está grande e vistoso novamente, cheio de vida. Uma frase me vem à mente: 'Às vezes uma árvore me fala de coragem'. De Rose Ausländer".

Ela concorda. Isso lhe dá liberdade interior. E disso ela extrai a força para ser grata.

Ajudar e se deixar ser ajudado

Naturalmente, a velhice pode ser também uma época de perda social e emocional: quando percebemos de que morrem cada vez mais pessoas próximas a nós e quando temos a experiência de que nós mesmos nos tornamos mais vulneráveis e talvez mais dependentes da ajuda e do cuidado de outras pessoas. Mas isso também não é tudo.

"Ajudar e se deixar ser ajudado" é o lema central de Franz Müntefering, hoje com 82 anos, que ainda era politicamente ativo como presidente da Associação Samaritana dos Trabalhadores até os 81 anos. Ele disse em uma entrevista quando perguntado sobre qual era o verdadeiro fio condutor de sua vida: "Amor ao próximo. Confiar uns nos outros, ajudar uns aos outros e se deixar ser ajudado. É disso que as pessoas precisam. Mas elas também devem estar preparadas para isso. Não somos onipotentes. Todos nós dependemos dos outros. Todos". Essa é sua constatação na velhice (*Einfach leben*, 1, 2020).

E não apenas dele. A filha do político Hans-Jochen Vogel, que passou os últimos anos de sua vida em um lar para idosos em Munique, contou em um evento comemorativo que para seu pai, mesmo em seu momento de grande decrepitude, era importante não apenas aceitar os serviços e a ajuda da equipe de enfermagem. Ele queria, também nessa situação, retribuir com algo. E como havia também alguns estrangeiros na equipe de enfermagem que tinham dificuldades com o idioma alemão, ele lhes dava aulas do idioma, praticava gramática com eles, por exemplo: "... *Das* Haus. *Des* Hauses. *Dem* Haus. *Die* Häuser... E assim por diante". Mesmo sendo às vezes ridicularizado como pedante durante toda a sua vida, ele permaneceu fiel à sua força na sua fraqueza: estender a mão para os outros, apoiando-os com seus recursos e possibilidades como ser humano, quando ele mesmo, que estava em uma cadeira de rodas por muitos anos, precisava de apoio. Ele estava convencido de que, em todas as situações, pode-se dar algo e praticar a gratidão.

Uma das experiências positivas importantes é quando percebemos que os outros nos ajudam e que podemos aceitar essa ajuda e ser gratos por ela. E que, mesmo que em uma escala mais modesta, podemos também cuidar de outras pessoas, podemos nos dedicar a elas, transmitir nossas experiências. Em nossa experiência de perda e de fragilidade, por fim fica evidente algo que é verdadeiro, não apenas para nós individualmente. Naquilo que agora está se tornando mais central, fica evidente o que afeta a todos: a fundamental vulnerabilidade. A velhice, portanto, coloca não apenas para nós, enquanto pessoas idosas, a questão: quem somos nós realmente? Quem somos nós, no âmago, quando ficamos mais fracos? Quando perdermos nossas funções e não formos mais tão produtivos socioeconomicamente como éramos antes? Do que nos desapegamos? E com que consciência continuamos? Cada um tem a capacidade – e a permissão – de responder a essa pergunta para si mesmo.

Verdadeira liberdade

Na velhice, há experiências de perda, mas também a oportunidade de crescimento interior. Mesmo que a vulnerabilidade seja agora maior e, portanto, a liberdade externa possivelmente diminua na velhice, a liberdade como uma atitude interior pode até crescer. As possibilidades que ainda tenho à disposição se reduzem. Isso eu tenho que aceitar. E, às vezes, a concordância com isso só virá por meio de um processo de luto. Mas se eu, por meio do luto, alcançar o espaço interno da minha alma, poderei encontrar em meu interior a verdadeira liberdade. Ela consiste na experiência de estar livre das expectativas e dos julgamentos dos outros, livre da pressão que tantas vezes exerci sobre mim mesmo. Sinto-me livre para viver em harmonia comigo mesmo. Essa liberdade ninguém pode tirar de mim, mesmo que eu não consiga fazer muita coisa no exterior. Ser quem eu sou: essa é a verdadeira liberdade que cresce com a idade. Como o tempo está encolhendo, isso pode nos levar a sentir sua preciosidade.

> ....
> Sinto-me livre para viver em harmonia comigo mesmo. Essa liberdade ninguém pode tirar de mim, mesmo que eu não consiga fazer muita coisa no exterior. Pessoas velhas são livres para serem quem são.
> ....

Experiência de diminuição e fraqueza
Esperança de conclusão

Despedida do eu

O autor judeu Elie Wiesel dedicou seu romance *Der Vergessene* [O esquecido] à doença de Alzheimer. No livro, ele compara a pessoa doente a um livro do qual se arranca uma página dia após dia; até que, no final, permaneça apenas a capa. Uma imagem forte, também pelo medo que muitos têm – não apenas da doença demência: o que resta no final? E quanto ao nosso medo de que, no fim, a ponte que liga o eu à realidade despenque no abismo?

Um dentista, que acompanhou e cuidou de sua esposa que sofria de demência, disse após a morte dela: "O espírito morre na doença de Alzheimer, mas a alma vive até o último suspiro". Mesmo quando uma pessoa assim doente se despeça cada vez mais do espírito e do eu que a caracteriza, algo do mistério do ser humano, a parte mais íntima, a alma, vive até o fim.

É normal esquecermos os nomes das pessoas com cada vez mais frequência à medida que envelhecemos; mas alguns se assustam quando percebem o esquecimento, que pode ser o primeiro sinal de demência. Para a pessoa idosa que percebe que está se esquecendo cada vez mais e que reage com mais frequência de forma emocionalmente inadequada, é difícil se despedir de sua agilidade mental. Ela preferiria não reconhecer nisso.

Um empresário que antes era muito dinâmico e também artisticamente talentoso, uma pessoa criativa, com mais de 85 anos, além de outras limitações de saúde e agravamentos, adoeceu de Parkinson e começou a perder aos poucos suas habilidades criativas. Ficou mais difícil escrever textos. E então ele deixou de escrever. Sua filha disse com tristeza: "Ele está se despedindo de suas habilidades". E em uma das caminhadas, que estavam se tornando desgastantes, ele parou de repente e disse, mais para si mesmo do que para sua parceira: "Eu já era".

> Na velhice, não apenas a despedida como também a chegada ganha outra dimensão. Podemos confiar que chegaremos a nós mesmos e a Deus para sempre quando Deus vier até nós na morte. Então, tudo em nós se conclui. Chegamos, para sempre, no lar.

Uma frase intrigante. Será que ele queria dizer: "Eu sou, contudo e apesar de tudo, aquele mesmo que eu já fui"? Ou foi uma admissão resignada: "O que era antes acabou. E eu aceito isso?"

Quem sou eu? A partir de onde eu me defino? Eu me defino apenas por minhas habilidades ou por Deus? Se eu me definir a partir de Deus, nem mesmo a demência poderá tirar minha verdadeira dignidade. Ela só tira meu ego; o ego que quer manter tudo sob controle, que sempre quer parecer bem na frente dos outros e que talvez também tenha brilhado; esse ego está despedaçado. E posso ter esperança que, por meio desse rompimento, minha pessoa esteja completamente aberta para Deus, que, por meio da fraqueza de minha pessoa, afinal ilumine, através dela, algo neste mundo que não é deste mundo.

Que última esperança temos, também como pessoas de fé?

Quando a mãe idosa de Karl Rahner morreu, seus filhos montaram um quadro em homenagem à sua morte, no qual foi reproduzida em *fac-símile*, na sua caligrafia, uma oração – formulada por Teilhard de Chardin (encontrada em *Der göttliche Bereich* [O meio divino]) – que provavelmente se tornou sua oração muito pessoal ao se aproximar da morte:

> Depois de reconhecer-te como aquele que é o meu eu mais elevado, permita-me, quando chegar a minha hora, reconhecer-te sob a forma de todo poder externo ou hostil que queira me destruir ou me oprimir. Quando meu corpo ou meu espírito começar a mostrar o desgaste da idade; quando o mal que me diminui ou me leva embora me invade de fora ou surge dentro de mim; no momento doloroso em que de repente tomo consciência de que estou doente e envelhecendo; especialmente naquele último momento em que sinto que estou fugindo de mim mesmo, completamente impotente nas mãos dos grandes poderes desconhecidos que me formaram; em todas essas horas sombrias, permita-me, Senhor – contanto que minha fé seja grande o suficiente –, entender que Tu és aquele que com dores empurra para o lado as fibras do meu ser, para penetrar até o âmago da minha essência e me levar para dentro de ti.

O que é algo negativo, um vazio, uma separação, torna-se, nesse entendimento, plenitude e unidade em Deus. Nessa fé, a diminuição se torna uma mola propulsora de vitalidade, de uma vida nova e maior.

O sociólogo Franz-Xaver Kaufmann, com mais de 90 anos de idade, quando perguntado sobre como ele lida com essa última questão em uma situação de fragilidade cada vez mais nítida, responde: "Se nos apegamos à existência de um Deus Redentor com quem o nosso eu – aquilo que os antepassados denominavam de 'alma' – se relaciona de uma maneira que transcende a morte, parece-me mais plausível que, ao morrer, ocorra uma *nuance* do encontro ou da visão de Deus, na qual o eu lentamente se apaga em sua glória". "No entanto", acrescenta ele, "não sabemos: *ignoramus et ignorabimus*!" (In: *Älterwerden – wie geht das?* [Envelhecer – como?]).

Diante do portão escuro da morte estamos nós, humanos, como ignorantes. Não sabemos e não temos certeza alguma, mas esperança. Karl Rahner chegou a dizer, certa vez, que não podemos nos preparar com certeza para a última despedida. Poderia também ser algo bem diferente e, ainda assim, a fé traz esperança: é possível que se "despenque em um estado em que simplesmente não se consegue fazer aquilo que se – supostamente – deveria fazer, então o Deus eterno em seu amor gentilmente já tirou de você toda a responsabilidade por sua vida".

Portanto, ser idoso também significa dizer adeus à concepção de que estou no controle da minha vida até o fim. E estar sereno nessa situação para mim significa: entrego tudo a Deus: "Seja feita a tua vontade!"

Isso significa que devemos nos preparar para ter uma boa morte. Mas a maneira como a velhice e a morte nos atingem, isso não está mais em nossas mãos. Também não estão em nossas mãos se antes teremos demência ou se, por outros motivos, não conseguiremos mais dispor de nós mesmos. Rahner escreve sobre essa situação: "Parte da tarefa da velhice é aceitar e conhecer a tempo essa situação de velhice e morte que nos chega desconhecida: tudo pode ser misericórdia, mesmo quando somos apenas os derrotados indefesos".

Mas até isso ainda pode ser misericórdia, pois Deus, em sua misericórdia, assume a responsabilidade por nós. Ele já nos leva à incompreensibilidade de seu amor, no qual somos acolhidos mesmo em nossa última fraqueza.

Estar sereno significa: entrego tudo a Deus

Ser idoso também significa dizer adeus à concepção de que estou no controle da minha vida até o fim. E estar calmo, mesmo nessa situação, significa para mim entregar tudo a Deus – "Seja feita a tua vontade! É claro que também tenho de levar em conta que pode chegar um momento no qual não serei mais dono de mim mesmo, mas dependerei dos outros. Também isso entrego a Deus.

Na velhice, não apenas a despedida como também a chegada ganham outra dimensão. Na velhice, chegamos ao limiar da morte, que nos leva ao puro ser, à pura presença. Chegamos ao destino de nossas vidas.

Às vezes, quando olhamos para nossa vida, temos a impressão de que estamos longe de ter chegado a nós mesmos. Ainda estamos agarrados ao nosso ego, às mágoas do passado, às nossas posses, às pessoas. Alguns têm medo de nunca chegarem a si. Nesse aspecto, é uma mensagem reconfortante que, no final, não precisamos de modo algum concluir a chegada por conta própria. Não precisamos nos perguntar constantemente se já chegamos ao nosso destino, ao nosso verdadeiro eu. Podemos confiar que chegaremos a nós mesmos e a Deus para sempre quando Deus vier até nós na morte. Então, tudo em nós se conclui. Chegamos, para sempre, ao lar.

Meu tempo de vida é limitado e encontra conclusão na morte – mas isso também é transformação. O tempo para, mas não a realidade. Essa realidade terá outra dimensão. Eu entrego tudo a Deus.

....

Na tradição cristã há muitos convites para se pensar na própria morte. Em toda celebração eucarística, celebramos a morte e a ressurreição de Jesus. Somos lembrados de nossa própria morte, mas, ao mesmo tempo, também da superação da morte na ressurreição. Muitas pessoas mais velhas gostam de rezar o terço. Nele repetem-se, em meditação, as seguintes palavras: "Santa Maria, Mãe de Deus, rogai por nós, pecadores, agora e na hora de nossa morte. Amém". Para muitos isso é um exercício da morte: na morte, morremos nos braços maternais de Deus. Essa concepção pode nos tirar o medo da morte.

....

QUANDO SE TRATA DA MORTE
POR QUE AS DESPEDIDAS SÃO IMPORTANTES, O QUE AS TORNA DIFÍCEIS E COMO PODEM SER BEM-SUCEDIDAS

Obituários e lembranças

Muitas pessoas me dizem que a primeira coisa que leem no jornal diário são os obituários. Para alguns, isso geralmente reforça a sensação de "ainda estou vivendo". Para outros, é um presságio de *memento mori* quando veem, entre os falecidos, pessoas da mesma idade ou mais jovens. No mosteiro, temos todo dia uma lista com as datas de falecimento de confrades – para todos nós, uma lembrança constante não apenas dos falecidos, mas também uma oportunidade de refletir sobre a própria finitude. Mas também nossa própria experiência traz a morte para perto de nós. Isso concerne pessoas próximas de nós, até mesmo em nossa própria família. Recentemente morreu minha cunhada e é de se esperar que outras mortes estejam eminentes na nossa geração. Também a própria morte. Em nossa idade, rapidamente pode acontecer algo.

De modo geral, não devo esperar até a velhice para me preparar para a despedida definitiva. A despedida concerne a todos, tendo em vista o próprio fim. A maneira como a experienciamos ou mesmo vivemos depende sempre da situação em que nos encontramos.

> *Temos que entender e aceitar as muitas pequenas despedidas da vida como exercício para a grande despedida da morte. Quando nos despedimos da pessoa falecida, estamos também exercitando nossa própria despedida, que será sempre exigida de nós: a despedida de pessoas, a despedida de antigos hábitos de vida, de sentimentos do passado e, por fim, a despedida de nossa própria vida.*

Uma necessidade interna

Qualquer um que se depara com a possibilidade concreta de morrer – por exemplo, por meio do diagnóstico de uma doença grave – enfrenta essa necessidade. É sobre isso que fala o autor judeu Elie Wiesel. Ele precisou receber uma anestesia antes de uma operação cardíaca necessária, mas arriscada. Mais tarde, ele escreveu como foi sua percepção e o que estava acontecendo dentro dele. Quando o anestesista disse: "Estamos prontos", Elie Wiesel também estava. Mas quando foi feita a solicitação específica: "Você pode contar até dez?", ele entrou em pânico com a súbita sensação de que possivelmente nunca mais acordaria. Ele descreveu da seguinte forma:

> "Ainda não. Dê-me mais um minuto.
> Eu lhe peço. Só um minuto".
> Cai um silêncio irreal. "Mas por quê?"
> "Com certeza eles se perguntam. Eu não respondo.
> Devo dizer a eles que um judeu de fé que não
> tem tempo para se preparar adequadamente antes de
> dar o último suspiro deve pelo menos fazer uma
> breve oração – uma espécie de confissão de fé –
> que ele conhece desde o berço? Complicado demais.
> Devo lhes dizer que inúmeras vítimas, mártires e
> moribundos fizeram essa mesma oração antes de
> fechar os olhos para sempre? Eu não consigo.
> Eu falo por mim mesmo: *Shemá Israel*, ouça Israel,
> *adonai elohenu*, Deus é nosso Deus, *adonai echad*,
> Deus é um". 'Agora sou de vocês',
> digo com voz fraca. 'Conte até dez.'
> Acho que parei antes
>
> (De: Elie Wiesel, *Mit offenem Herzen*
> [De coração aberto], cap. 18).

Quando não pudemos nos despedir

Não apenas tendo em vista o próprio fim, também é necessário dizer adeus a outras pessoas que realmente "estão indo". E dói especialmente quando não podemos nos despedir de uma pessoa quando ela está próxima da morte.

Uma mulher me contou que seu marido, que não tinha nem 45 anos, morreu repentinamente de um infarto. Ninguém havia previsto isso. Um suicídio mostra uma situação semelhante: uma mulher foi às compras. Quando voltou, seu marido havia se enforcado em casa. E um pai me contou sobre seu filho que sofreu um acidente de carro fatal quando tinha 20 anos. Nesses casos também não foi possível nenhuma despedida.

Quando uma pessoa é arrancada de mim, permanece uma ferida. Por isso, muitos tentam evitar a despedida. Não a olham nos olhos. Mas então a despedida relegada os alcança após a morte de seu ente querido. A despedida é inevitável.

Outra mulher conta que estava jantando com o marido. Eles conversavam sobre isso e aquilo. Em seguida, eles se separaram e cada um foi para seu quarto. Ele ainda queria trabalhar em seu computador, ela queria se ocupar de outra atividade. Enquanto isso, ela ouvia uma música em volume baixo. Após algum tempo, de repente um estrondo, uma batida curta e intensa vinda do quarto vizinho. Ela correu para lá e encontrou seu marido inconsciente no chão, sangrando. Um infarto repentino. Ao médico da emergência só restou constatar a morte. Para ela, essa foi a pior coisa, que não houve uma despedida, que muitas coisas entre eles ficaram sem terem sido resolvidas. Então, ela procurou contato com pessoas a quem havia acontecido o mesmo: uma morte súbita sem despedida. Por muitos anos, essa foi a grande dor.

Se não for possível se despedir antes da morte, então a despedida sempre pode ser consumada de outra forma. Até mesmo no túmulo, mas não apenas, ainda é possível se despedir de modo consciente.

Uma mulher me contou que seu marido morreu repentinamente no hospital – depois de uma operação bem-sucedida – quando ninguém podia contar com isso. Ela agora se recriminava por ter perdido o momento da morte dele e por não poderem ter se despedido um do outro. Isso dói. Naturalmente teria sido bom que ela e seu marido pudessem refletir com toda tranquilidade sobre seu caminho juntos e agradecer um ao outro por tudo o que um deu ao outro e o que isso significou para cada um. Mas, independentemente de ela saber ou não que chegaria o seu fim: as coisas são como são. Ela não pode reverter o passado. Mas agora ela ainda pode se despedir de modo consciente.

Oportunidades que permanecem

Então, aconselhei a essa mulher: "Escreva uma carta para seu marido, na qual você diz a ele tudo o que não foi dito: o que você apreciava nele, o que ele significava para você e o que você deseja para ele. Depois, escreva também uma carta de seu marido para você mesma. Não pense com sua cabeça no que escrever, apenas deixe sua mão escrever o que vier por si só. E depois guarde as duas cartas. E então, pare de se recriminar. Você fica grata pelas palavras que escreveu para seu marido e pelas palavras que seu marido escreveu para você – mesmo que sejam, naturalmente, suas próprias palavras. Mas, ainda assim, suas palavras fluíram de tal profundidade que seu próprio marido foi quem lhe deu essas palavras".

É claro que essa escrita também é acompanhada de dor e, muitas vezes, cheia de lágrimas. Mas, ao mesmo tempo, há conforto. E, assim, temos a impressão de ter realizado uma despedida de um jeito bom.

Esse tipo de despedida nos livra dos sentimentos de culpa que geralmente surgem quando a morte acontece de forma tão repentina. Talvez a última conversa com o filho que morreu em um acidente não tenha sido muito amigável. E, naturalmente, seria preferível ter voltado atrás na discussão. Mas as coisas são como são. Isso não se pode mais alterar. Em uma situação como essa, tento transmitir aos enlutados que o falecido não os acusa de nada: "Ele agora está em paz. Ele continua olhando. Ele quer que você viva bem agora, que você também viva em paz com ele e que você acredite no amor dele, o amor ele quer lhe demonstrar lá do céu".

Um médico me relatou que os parentes de alguém com uma doença grave às vezes chegam a exigir que ele não diga a verdade de modo algum ao enfermo. Eles próprios, então, conversam apenas superficialmente com a pessoa doente sobre o clima ou sobre o que está acontecendo em casa. Eles preterem a despedida. Mas quando o enfermo morre, eles sentem que deixaram passar algo essencial. Eles deixaram de se despedir, de agradecer à pessoa que está morrendo pelo que ela deu ou pelo que significou para eles. Eles deixaram de falar sobre o que queriam lhe dizer há muito tempo, mas nunca tiveram coragem. Eles não foram capazes de lhe demonstrar seus sentimentos. E, com isso, também privaram o enfermo da oportunidade de se despedir ele mesmo. Se os parentes conversam apenas superficialmente, o enfermo não terá coragem de falar sobre aquilo que o move de verdade. No entanto, isso também exige sensibilidade com a pessoa que está morrendo. Às vezes, tudo o que é preciso é sentar-se em silêncio e dar as mãos. Quando os parentes conversam sem parar, eles perturbam a pessoa que está morrendo em seu caminho solitário pelo portão da morte. Eles estarão com ela, mas de tal forma que, na presença deles, ela poderá atravessar o portão da morte em silêncio.

E se a pessoa que está morrendo não estiver pronta para a despedida?

Despedir-se um do outro de modo consciente é a imagem ideal para o acompanhamento dos que estão morrendo. Mas, na realidade, nem sempre acontece assim. Como podemos nos despedir quando a pessoa que está morrendo ainda não está pronta para partir ou para aceitar a morte? Pois também ouvimos histórias como esta: uma mulher de 60 anos com câncer não suporta ver os rostos atormentados de seus filhos e implora a visita de uma parente que ela sabe que vai encarar isso com mais leveza. Ainda fala com ela, depois se vira para a parede e morre.

Ou um idoso que teme o grande aniversário e o "alvoroço" que se aproxima – ele morre um dia antes da data. Também isso nós devemos aceitar.

Às vezes acontece que uma pessoa com doença terminal não queira saber nada sobre a morte e rejeite toda tentativa de conversar a respeito. Alguns não querem lidar conscientemente com a morte e aplicam toda a sua energia e esperança em ficarem saudáveis e continuarem vivendo. Também devemos respeitar isso e não incomodar o enfermo. Apesar disso, nós mesmos ainda podemos nos despedir dele à nossa própria maneira. Não precisamos falar sobre sua morte. Mas podemos, a cada visita, expressar nossa gratidão pelo que a pessoa doente significa para nós. Dizemos a ela palavras de amor. Contamos um ao outro o que foi importante para nós sobre os encontros e as conversas que tivemos juntos. Nós seguramos sua mão. Deixamos que sinta o quanto gostamos dela e o quanto a apreciamos. Assim, temos um sentimento bom quando o outro morre. Nós fizemos a despedida à nossa maneira e dentro dos limites do possível. E podemos confiar que nossas palavras íntimas tocarão a outra pessoa nas profundezas de sua alma e que também farão com que ela confronte a sua própria morte, mesmo que não consiga ou não queira falar sobre isso.

Quando sentimentos de culpa permanecem

Mas mesmo que, com muito amor, a esposa tenha cuidado do marido com câncer ou o marido tenha cuidado da esposa com câncer, mesmo que tenha havido boas conversas intensas antes da morte, ainda assim surgem sentimentos de culpa em toda morte: falhei em demonstrar-lhe meu amor de modo ainda mais evidente. Deixei de falar sobre tais e tais assuntos. Em uma despedida também pode restar sentimentos de culpa. Ocorre-nos que, em nossas conversas, muitas vezes não fomos tão amigáveis, que às vezes tínhamos sentimentos negativos em relação à pessoa que estava morrendo. Mas podemos entregar a Deus todos esses sentimentos que surgem dentro de nós, para que o amor de Deus possa dissolver os sentimentos de culpa e fazer com que fiquemos em paz com esse sentir-se culpado por termos deixado de fazer tantas coisas. E então devemos entrar em contato com o falecido e perguntar-lhe o que ele gostaria de nos dizer agora.

> *Quando não é possível se despedir antes da morte, então a despedida sempre pode ser consumada de outra forma. Até mesmo no túmulo, mas não apenas, ainda é possível se despedir de modo consciente.*

Às vezes, algumas pessoas, especialmente muito idosas e em sofrimento, desejam morrer. Uma mulher me contou: "Sempre que visito minha mãe doente, ela diz: 'Eu quero morrer. Não quero mais viver'. Mas me dói muito ter que deixá-la partir. Como devo reagir diante dessas palavras?"

Aconselhei-a a não se manifestar imediatamente contra as palavras da mãe, mas primeiro a reconhecer que ela está sofrendo com sua condição. Em vez disso, ela poderia perguntar: "Por que você não quer mais viver?" Talvez ela diga: "Não é mais tão bom viver. Sou apenas um fardo para todos vocês". Então a resposta pode ser: "Nós gostamos de cuidar de você. Você é importante para nós. Gostamos de estar com você". Também posso dizer a ela: "Sim, eu entendo que você gostaria de morrer. Mas agora você ainda está vivendo. O que é importante para você agora?"

Naturalmente, não é tão fácil impedir de pensar assim uma pessoa idosa que deseja morrer. Tampouco se trata de julgar as palavras da mãe. A atitude da mãe pode mudar. E ela pode sentir que o tempo que ainda pode viver pode se tornar um tempo precioso.

Pessoas que estão morrendo e que na despedida conduzem e guiam

Às vezes, as pessoas que estão morrendo são também aquelas que, nesse processo, nos conduzem e guiam. Uma mulher, que teve um relacionamento muito próximo com sua mãe, conta-nos como é possível dizer adeus em uma situação como essa, que força pessoal isso exige e como pode ser libertador: "Vivi a morte de dois irmãos que morreram jovens, foi muito doloroso para todos nós, especialmente para minha mãe. Mas quando ela mesma morreu, tive uma experiência muito diferente. Eu sempre fui muito próxima da minha mãe. Na época da faculdade, morei com ela em um apartamento. Ela morreu aos 93 anos de idade, em pleno gozo de suas faculdades mentais, mas fisicamente fraca e exausta; não tinha mais força nem para segurar a peça de roupa que tinha no colo para costurar. Assim ela passou um ano, período em que tivemos que ir ao hospital de tempos em tempos. Na minha memória está gravada a conversa que tive com ela na clínica em que esteve dois meses antes de morrer, em 8 de dezembro, e em 16 de fevereiro foi o dia em que ela morreu. Lembro-me de cada palavra que ela disse: 'Minha filha, agora me ouça. Antes que seus irmãos cheguem, quero conversar com você e peço que não me interrompa nem chore. Tenho que lhe dizer o seguinte: estou muito velha agora. Sempre fomos muito próximas, muito próximas, e com você eu tive uma vida linda. Minha vida foi muito longa e muito difícil e agora estou muito cansada. Quero descansar, preciso disso. A única preocupação que tenho é que você sofrerá muito e eu não quero que sofra. Você tem seu marido, seus filhos e não está sozinha... deixe-me ir em paz. Isso pra mim é necessário. É isso o que eu preciso...'"

Que despedida! A filha se torna uma companheira no processo ao seguir o pedido para aceitá-lo. Ela mesma é confortada ao ouvir, ao dar espaço àquilo que está no coração da pessoa que está morrendo e àquilo que, na jornada da sua vida, dá a ela, que agora fica para trás: são palavras de serenidade sobre sua própria situação e palavras de amor e cuidado, de bênção e instrução para aquele que ainda está no tempo e que fica para trás.

Arte de viver – aprendida diante da morte

Portanto, a despedida é uma arte que pode ser aprendida mesmo diante da morte. Quando uma pessoa é arrancada de mim, permanece uma ferida. Por isso, muitos tentam evitar a despedida e não a olham nos olhos. Mas então a despedida relegada os alcança após a morte de seu ente querido. A despedida é inevitável. Ao nos despedirmos de uma pessoa que está morrendo sempre nos lembramos também das muitas despedidas pelas quais passamos na vida. Houve a despedida dos avós, dos pais, de amigos queridos. Houve também a despedida da infância, da juventude, a despedida da terra natal. Muitas vezes, as despedidas geram medo de abandono. Qualquer pessoa que tenha se sentido abandonada quando criança quer reprimir qualquer despedida; pois a faz lembrar novamente do abandono primordial que sofreu quando criança. No entanto, temos que entender e aceitar como um exercício as muitas pequenas despedidas em direção à grande despedida da morte. Mesmo quando nos despedimos da pessoa falecida, estamos também exercitando nossa própria despedida, que sempre voltará a ser exigida de nós: a despedida de pessoas, a despedida de antigos hábitos de vida, de sentimentos do passado e, por fim, a despedida de nossa própria vida.

NO LUTO PELA MORTE DE PESSOAS QUERIDAS
RITUAIS QUE CARREGAM

Realidade e desejos

Todo ano, 960.000 pessoas morrem na Alemanha, ou seja, 80.000 mortes por mês, 20.000 por semana, 2.800 por dia, 118 mortes por hora, duas pessoas por minuto[6]. Tão diversas eram as pessoas e suas vidas quanto são diferentes as respectivas formas de luto após a morte de uma pessoa querida e também as necessidades em cada situação. Mas o desejo de companhia e conforto nessa situação difícil certamente é geral. Como funciona quando a morte está particularmente próxima de nós: deixar ir e seguir em frente? E o que ajuda nesse processo?

Muitas pessoas com doenças graves gostariam de morrer em casa. Elas desejariam morrer no círculo de sua família, não ficarem sozinhas. Elas anseiam por pessoas queridas que as acompanhem. Mas o desejo de morrer em casa nem sempre pode ser realizado. E, acima de tudo, há um número cada vez maior de pessoas que estão morrendo e que não têm mais parentes nem ninguém para acompanhá-las. Algumas morrem assim totalmente sozinhas. É possível que sua morte só seja descoberta algumas semanas depois. Outras pessoas morrem na casa de repouso. Esses locais de repouso atuais estão desenvolvendo uma nova cultura de despedidas. Sobretudo as igrejas que operam casas de repouso têm como meta não deixar sozinhos os que estão morrendo, mas acompanhá-los e ainda celebrar a despedida do corpo após a morte.

---

[6]. No Brasil, em 2021, segundo o IBGE, morreram 1,8 milhão de pessoas, ou seja, 150 mil mortes por mês, 35 mil por semana, 5 mil por dia, 205 mortes por hora, três pessoas por minuto (Fonte: https://agenciadenoticias.ibge.gov.br, em 16 fev. 2023) [N.T.].

Locais de bom acompanhamento

Hoje, outro lugar onde as pessoas que morrem são bem acompanhadas são as alas de cuidados paliativos de hospitais e asilos. Lá, as pessoas são acompanhadas por colaboradores da instituição, geralmente voluntários. Nas alas de cuidados paliativos, geralmente são médicos e enfermeiros treinados que cuidam carinhosamente dos que estão próximos da morte e os protegem sobretudo da dor. Eles também desenvolveram uma própria cultura de despedida. Quando um paciente morre, a equipe de enfermagem e o capelão ou capelã se reúnem e convidam também os pacientes – que tiverem condições – para se despedir do falecido, em uma pequena cerimônia.

Quando o enfermo morre em casa, os parentes ligam para a funerária. Às vezes, eles buscam o falecido muito rapidamente, de modo que não há tempo suficiente para fazer uma despedida adequada. Mas, nesse ínterim, a cultura das funerárias também mudou. Elas atendem aos desejos dos familiares. Também deixam o falecido em casa por mais tempo, se esse for o desejo. E abrem suas salas para que os parentes possam se despedir a qualquer momento. É claro que também há exemplos contrários. E, infelizmente, há também um número crescente de anônimos que estão morrendo e dos quais nenhum parente quer cuidar. Mas, de modo geral, uma nova consciência surgiu em nossa sociedade: a de que uma boa despedida faz parte da dignidade do falecido.

Rituais cristãos de despedida

No nosso cotidiano, por exemplo, antes de um longo distanciamento, quando nos despedimos de pessoas queridas, prometemos um ao outro que nos veremos novamente. É óbvio que a despedida exigida por uma morte é muito mais radical do que por uma viagem a um outro país, por mais distante que seja. E, no entanto, é algo que nos aguarda a todos nós e nos afeta em algum momento. E quando acontece, é muito doloroso. Na tradição da Igreja é costume fortalecer a pessoa que está morrendo em sua despedida por meio do Sacramento da Unção dos Enfermos. Antes era chamado de "extrema-unção", porque geralmente ocorria pouco antes da morte. Hoje, o Sacramento da Unção dos enfermos tem um duplo significado: por um lado, fortalecer a pessoa doente e pedir sua cura e, por outro, ungir a pessoa que está morrendo a fim de prepará-la para sua última viagem. Para muitos cristãos, esse sacramento ainda está diretamente associado à morte, de modo que muitos cristãos pedem ao padre que dê a última unção antes de morrer.

> *Justamente em uma situação emocionalmente conturbada como a do luto, o ritual de sepultamento da Igreja é uma ajuda para colocar alguma ordem nas emoções e criar um apoio firme em meio ao caos dos sentimentos.*

A tradição cristã conhece o ritual de despedida do sepultamento da pessoa falecida. Justamente em uma situação emocionalmente conturbada, como a do luto, o ritual de sepultamento da igreja é uma ajuda para colocar alguma ordem nas emoções e criar um apoio firme em meio ao caos dos sentimentos.

O ritual da igreja geralmente ocorre em um réquiem, uma celebração eucarística para a pessoa falecida. Na celebração da Eucaristia, o padre faz um discurso no qual presta homenagem ao ente querido e, ao mesmo tempo, diz algo sobre o mistério da ressurreição. A Eucaristia é a celebração da morte e da ressurreição de Jesus. Celebramos a Eucaristia aqui na terra como pessoas que creem, que duvidam e que procuram. Nossa fé diz que os mortos agora celebram no céu o eterno banquete de casamento. Assim, a Eucaristia conecta o céu e a terra, os vivos e os mortos, e experimentamos a comunhão com os mortos.

Em seguida, o falecido é enterrado no cemitério, seja com uma inumação no solo ou com um sepultamento em uma urna. No enterro há orações pre-definidas. As antigas orações conhecidas geralmente servem de apoio, porque luto significa: estar abatido, não ter chão sob os pés. O ritual pre-concebido com as orações antigas nos fornece uma parte de nossas raízes e nos permite ficar com os dois pés no chão novamente. As orações que o padre faz no funeral são enriquecidas pelas experiências de fé de muitos séculos. Quando as pessoas ao redor do túmulo ouvem essas palavras, sentem-se tocadas por dentro. É algo conhecido em meio ao desconhecido levar ao túmulo dos entes queridos que partiram. As palavras conhecidas nos dão suporte nessa situação instável do enterro.

O que consola

O ritual da Igreja, via de regra, é seguido pelo chamado "banquete fúnebre". Na Suíça, essa refeição é chamada de *Abdankung* [abdicação], *Tröster* [consolo] é como se diz na Baixa Frankônia, *Tränenbrot* [pão das lágrimas] na Transilvânia. É consolador quando, após a cerimônia austera na igreja e no cemitério, os parentes se sentam e comem juntos, tomam café em comunhão. Com isso, eles podem compartilhar muitas lembranças da pessoa falecida. Geralmente se chora e se ri ao mesmo tempo. Na convivência, na comunidade, pode-se dar apoio um ao outro. E, com o tempo, a atmosfera muda. De uma atmosfera de peso e tristeza, de repente surge uma leveza e até mesmo alegria. Isso faz bem a todos.

Fases da celebração

Tradicionalmente, os rituais religiosos do luto e da despedida também possuem diferentes fases e formas de organização temporal. Existe a missa das seis semanas. Seis semanas após o funeral é realizada uma celebração eucarística na igreja para a qual são convidados os parentes e amigos. As seis semanas encerram, por assim dizer, a primeira fase do luto e da despedida. É interessante que esse período de seis semanas ou de 40 dias existe também em outras religiões e culturas. No Livro Tibetano dos Mortos reza-se pelo falecido por 40 dias após a morte. A missa das seis semanas pretende mudar nossa visão: não mais oramos pela passagem do falecido para as mãos amorosas de Deus, mas sim experienciamos com ele a comunhão em oração e, acima de tudo, na celebração da Eucaristia, integrando-o em nossas vidas. Isso também acontece quando uma celebração eucarística é realizada no aniversário da morte ainda por alguns anos após o falecimento. Então, os parentes vão a esse serviço conscientemente para vivenciar a comunhão com o falecido.

Rituais pessoais

Na tradição cristã, entretanto, há também muitos rituais pessoais para expressar a despedida. Há a visita ao cemitério. Para meu irmão, após a morte de sua esposa, era importante ir ao cemitério diariamente para cuidar do túmulo. Ele disse que então falava com sua esposa, o que lhe fazia bem. Cuidar do túmulo é uma expressão de amor que é mais forte do que a morte e que se estende para além dela.

Na tarde do Dia de Todos os Santos há uma bênção geral dos túmulos, que na maioria das vezes é organizada de forma ecumênica. Muitos parentes da pessoa falecida se reúnem para realizar uma pequena cerimônia no cemitério e, em seguida, visitam os túmulos e permanecem mais tempo nos túmulos dos familiares.

Além disso, há rituais que muitos praticam em casa. Uma foto do falecido permanece na cômoda da sala de estar. Alguns acendem uma vela em frente à imagem por 40 dias. E a cada aniversário, dia de padroeira ou padroeiro e dia de casamento, acendem a vela novamente para expressar que a pessoa falecida, apesar de todas as despedidas, ainda continua sendo um membro da família, que eles lembram com carinho e cujo amor vive ainda hoje. Também no Natal muitos acendem uma vela em frente à foto do falecido e colocam a foto e a vela perto da manjedoura para que possam celebrar o Natal juntamente com o falecido, a família como quem procura e crê e o falecido como aquele que vê e está concluído.

Expressando sua dor

O que resta, no entanto, são a tristeza e a dor. Na literatura, encontramos exemplos comoventes da dor que a despedida de uma pessoa querida pode causar. Gostaria de citar apenas dois exemplos da coleção mencionada na introdução, ambos relacionados à morte de uma pessoa querida. Os escritores descrevem a despedida de uma forma que ainda hoje nos toca como leitores, mesmo que os textos sejam muito antigos. Assim, Johann Gottfried Herder usa a imagem do deserto quando escreve a Moses Mendelssohn, em 21 de fevereiro de 1781, sobre a morte de Lessing, sobre o que ele havia perdido e não encontraria novamente por um longo tempo: "Para mim, por mais que trabalhássemos e pensássemos tão longe um do outro, ainda continuo me sentindo tão vazio, como se ao meu redor houvesse um deserto, um vasto deserto" (Schünemann, 1996, p. 257).

Em um momento completamente diferente, em 18 de novembro de 1945, Gottfried Benn confessa, depois de saber da morte de H., "que, com esse acontecimento, minha vida sofreu um golpe definitivo e uma derrocada, da qual ainda não sei se vou e se quero me recuperar. Essa conexão não era uma paixão, mas uma amizade e ternura tão infinita que sua perda significa para mim uma corrente de luto e lágrimas". Um pouco depois, ele escreve sobre si mesmo em seu luto: "A casa está fria, não tenho aquecedor, o frio é pior do que a fome, mas tudo por dentro não me toca mais, vejo uma terra distante onde as sombras choram" (Schünemann, 1996, p. 295 e 297). Gottfried Benn admite o luto que significa, para ele, a despedida dessa Senhora H. Ele descreve isso com imagens de frio, de vazio, de derrocada. Ele se sente como em uma terra distante, onde até as sombras choram. Faz parte da despedida a própria ideia da dor e, mais ainda, a expressão dessa dor.

As formas da expressão são bastante diversas

As formas como cada um se despede são muito diversas. Algumas pessoas no início afundam no choro, enquanto outras não conseguem chorar de jeito nenhum porque estão enrijecidas por dentro. Antigamente, cabia às pessoas guardar um ano de luto, no qual as mulheres usavam principalmente vestidos pretos. Afinal de contas, era concedido às pessoas ficar de luto. Hoje, muitos enlutados ouvem: "Já se passaram seis semanas. Saia de férias, assim você vai pensar em outras coisas". Mas essas palavras não consolam, apenas machucam. Não existe uma norma para a duração do luto. A questão é que o luto muda, deixando de ser um luto que impede a vida e passando a ser um que conduz à vida. Luto também é amar. Quem ama alguém que faleceu sempre volta a sentir também a dor do luto pelo fato de a pessoa querida não estar mais presente. Temos que aceitar que não podemos mais abraçá-la; entretanto, ao mesmo tempo, devemos saber que podemos permanecer em contato com ela.

Desapegar-se e permanecer em contato

Primeiro, temos que nos desapegar da pessoa falecida. Com os amigos podemos nos comunicar remotamente por celular ou Skype. A conexão continua, apenas se torna diferente. Com a pessoa falecida não podemos mais nos comunicar da mesma forma. Ainda assim, há uma conexão também com ela. Essa conexão é mais do que apenas a lembrança dela. Às vezes, podemos sentir a conexão em um sonho em que a pessoa falecida está entre nós, como no cotidiano. Às vezes, ela apenas sorri e nos transmite a concordância com a nossa vida. Às vezes, a mãe falecida nos diz uma palavra que guardamos em nosso coração como um legado precioso. Muitas vezes, são palavras que abrem caminhos ou palavras revigorantes e encorajadoras. Às vezes, também encontramos sinais que parecem vir da pessoa falecida: eis que, no aniversário de sua morte, uma rosa floresce de forma especialmente bela. Ou sentimos um sopro diferente do vento. Podemos aceitar com gratidão também esses sinais como uma mensagem da pessoa falecida.

O amor da pessoa falecida continuará a nos acompanhar em nosso caminho. Assim, no amor, nos unimos com as pessoas, mas ao mesmo tempo nos unimos com Deus. Em Deus, nos unimos com as pessoas, com as amadas, mas também, em última instância, com abertura a todas as que estão no céu.

Encontrando um novo relacionamento

A despedida da pessoa falecida tem uma finalidade: estabelecer um novo relacionamento com ela, para enxergá-la como uma companhia interior. Assim, você certamente pode se comunicar com ela em oração. Ela apenas não falará palavras nítidas como o namorado ou a namorada fala no celular. Mas a despedida deve levar a uma nova forma de relacionamento. Sempre nos perguntamos: O que a outra pessoa queria nos transmitir com sua vida? E o que ela diria para mim agora se estivesse ao meu lado? Mesmo para a despedida na morte é preciso que o relacionamento continue de uma nova maneira.

Entretanto, na despedida não se trata apenas de construir um novo relacionamento com a pessoa falecida, mas também encontrar um novo relacionamento comigo mesmo e com Deus. Posso me perguntar: Quem sou eu sem minha esposa, sem meu marido, sem meu filho, minha filha? O que é que quer novamente se desenvolver em mim que, por consideração, reprimi até agora? Como eu gostaria de responder, com minha própria pessoa, à mensagem da pessoa falecida? E trata-se de um novo relacionamento com Deus. Às vezes, a imagem demasiado ingênua de Deus, de que Deus sempre cuida de nós, é destruída pela morte do ente querido pelo qual tanto oramos para que resistisse à doença. Quem é esse Deus para mim hoje? Como posso acreditar que estou em suas boas mãos? Mas o relacionamento com o Deus incompreensível se torna, ao mesmo tempo, mais concreto por meio da morte do ente querido. Pois posso imaginar que a pessoa falecida está agora perto de Deus, está unida com Ele, descansa em Deus. Portanto, sempre direciono minhas orações para Deus, em quem meus falecidos descansam. Assim Jesus responde aos saduceus que não acreditam na ressurreição: "Ele não é Deus de mortos mas de vivos, uma vez que para Ele todos vivem" (Lc 20,38). O Deus dos vivos sempre nos lembra também dos mortos que agora vivem nele.

> *Na despedida não se trata apenas de construir um novo relacionamento com a pessoa falecida, mas também encontrar um novo relacionamento comigo mesmo e com Deus.*

Acompanhado de amor e esperança

Acreditamos e esperamos que no céu veremos novamente todas as pessoas que conhecemos. Essa é uma parte inerente da esperança cristã. Naturalmente, não sabemos como isso pode parecer concretamente. Certamente não haverá no céu um encontro de colegas de classe ou de amigos ou um grande encontro de família; mas nos uniremos com as pessoas que aqui amamos. Uma vez que a esperança da ressurreição inclui a crença de que o amor é mais forte do que a morte, também acreditamos que o amor pelas pessoas que amamos aqui não é destruído pela morte, mas elevado a um novo patamar. O amor da pessoa falecida continuará a nos acompanhar em nosso caminho. Assim, no amor, nos unimos com as pessoas, mas ao mesmo tempo nos unimos com Deus. Em Deus, nos unimos com as pessoas, com as amadas, mas também, em última instância, com abertura a todas as que estão no céu.

Não devemos olhar para trás. Devemos nos lembrar do ente querido, mas depois seguir em frente em um novo relacionamento com ele, em direção ao nosso futuro, mas não sozinhos, senão acompanhados por aquele que já alcançou seu destino.

Como cristãos, podemos confiar que mesmo aqueles que não viveram uma vida explicitamente cristã encontrarão na morte o amor de Deus. Se eles então se renderem ao amor de Deus, também estarão com Ele para sempre.

A despedida do ente querido não deve direcionar nosso olhar para trás, mas sim para frente. O anjo diz às mulheres que estavam procurando por Jesus no túmulo: "Por que procurais entre os mortos quem está vivo? Ele não está aqui, mas ressuscitou! Lembrai-vos do que vos falou, quando estava ainda na Galileia" (Lc 24,5s.). Portanto, não devemos olhar para trás. Devemos nos lembrar do ente querido, mas então seguir em frente em um novo relacionamento com ele, em direção ao nosso futuro, mas não sozinhos, senão acompanhados por aquele que já alcançou seu destino.

PARA QUE NOSSA VIDA DÊ FRUTOS
ORIENTAÇÕES BÍBLICAS

Discursos de despedida como lembrete e consolo

Na Antiguidade, os discursos de despedida de homens famosos eram um tema muito estimado. Um exemplo é o discurso de despedida de Sócrates, transmitido por Platão. Antes de sua morte, Sócrates fala sobre as questões da alma e sobre o além, para onde ela vai. Nessa forma de composição literária, são particularmente importantes as últimas palavras – a *ultima vox* – com as quais alguém se despede. O discurso de despedida de Sócrates foi tomado como modelo recorrente na literatura antiga. Elementos importantes desse discurso de despedida eram palavras de consolo para aqueles que o falecido deixou, mensagens importantes nelas, exortações, agradecimentos e uma palavra final de despedida, que era guardada como um legado precioso pelos amigos e parentes.

O Antigo Testamento também conhece esses discursos de despedida, por exemplo, o discurso de despedida de Moisés, mas também a bênção com a qual Jacó abençoa seus filhos. Essa bênção é como uma palavra de despedida para os filhos e descendentes.

Discurso de despedida de Jesus

No Novo Testamento é Jesus quem profere um grande discurso de despedida. Lucas, o Evangelista, retoma a tradição grega da literatura de despedida ao configurar o discurso de despedida de Jesus como uma conversa à mesa. Jesus convida seus discípulos a servirem uns aos outros. E Ele os conforta e lhes dá coragem para as provações de suas vidas. João começa o grande discurso de despedida de Jesus com um ritual: Jesus lava os pés de seus discípulos. É, por assim dizer, um ritual de despedida com o qual Jesus deixa um legado: Tudo o que Jesus queria mostrar aos discípulos com seu compromisso de vida consiste no amor que se curva até os pés, que aceita e ama tudo o que há neles.

Nesses discursos de despedida, Jesus interpreta suas atitudes em relação aos discípulos e os exorta a ter o mesmo amor. E Jesus lhes mostra que sua partida na morte conduzirá a uma nova comunhão com eles. Ele vai à frente para lhes preparar uma morada. "Quando tiver ido e tiver preparado um lugar para vós, voltarei novamente e vos levarei comigo para que, onde eu estiver, estejais também vós" (Jo 14,3,. A morte será uma despedida, mas não a despedida final; ou seja, na morte se unirão a Ele de uma nova maneira. E, quando morrerem, viverão com Ele na morada que já lhes preparou.

> Em seus discursos de despedida, Jesus mostra aos discípulos que sua despedida na morte levará a uma nova comunhão com eles.

Os discursos de despedida de Estêvão e Paulo

Lucas nos transmite mais dois discursos de despedida nos Atos dos Apóstolos, os de Estêvão e os de Paulo. Dessa forma, ele desenha uma imagem de como nós, cristãos, devemos nos despedir das pessoas. Em seu último discurso, o diácono Estêvão explica aos judeus como ele entende a mensagem de Jesus. Como eles não se deixam convencer e o apedrejam, Lucas destaca duas das últimas declarações de Estêvão como um legado, por assim dizer: "Estou vendo os céus abertos e o Filho do homem de pé à direita de Deus" (At 7,56). Essa também é uma declaração que quer eliminar nosso medo da morte, que nos promete aquilo que na morte nos espera. A segunda palavra diz respeito ao nosso comportamento em relação às pessoas que nos prejudicaram na vida: "Senhor, não lhes leves em conta este pecado" (At 7,60). Com essa palavra, Estêvão imita a Jesus, que orou na cruz por seus assassinos: "Pai, perdoa-lhes porque não sabem o que fazem" (Lc 23,34).

Antes de Paulo ir para Jerusalém, sabendo que o "esperam prisões e sofrimentos" (At 20,23), ele se despede dos anciãos da igreja de Éfeso, em Mileto, para onde os havia mandado especialmente. Em seu discurso de despedida, Paulo explica mais uma vez como ele entendia sua missão e seu trabalho missionário. É, por assim dizer, um legado para os sacerdotes ou também para todos os cristãos que estão comprometidos com outras pessoas, como assistentes sociais, médicos e terapeutas. Nesse discurso, Lucas cita palavras semelhantes às encontradas em discursos de despedida de autores gregos. Paulo resume sua atividade de pregação com as seguintes palavras: "Vós sabeis que não tenho ocultado coisa alguma que vos pudesse ser útil" (At 20,20). Esse é um exemplo para qualquer sacerdote ou terapeuta: trata-se de todo o nosso ser ter um efeito de cura nas pessoas. E Paulo avisa o povo: "Olhai por vós" (At 20,28). Essa é uma expressao grega típica de que Lucas gosta muito. Devemos cuidar de nós mesmos, de nossa alma. Devemos fazer uma "pausa interna" para descobrir por dentro o espírito que Deus concedeu a cada um de nós, para que possamos nos tornar uma bênção para os outros.

O que é transmitido nos discursos de despedida na Bíblia serve de exemplo para o que podemos dizer a nossos parentes e amigos por ocasião da despedida definitiva na morte: palavras de bênção, palavras que explicam o que queríamos expressar com toda a nossa vida e palavras que nos incentivam e exortam a nos tornarmos uma bênção para os outros. E nas palavras de despedida, especialmente na *ultima vox*, na última palavra, trata-se de dizer às pessoas mais uma vez que as amamos hoje e sempre e que esse amor se conclui em nossa morte, que não será extirpado, mas que continua do céu de uma nova maneira. E é uma palavra de despedida que também não vê na morte um adeus definitivo, mas sim a confiança de que nos veremos novamente no céu de uma nova maneira.

Palavras de Jesus sobre a despedida do ego

Não há apenas palavras de despedida na Bíblia, mas também palavras sobre como devemos nos desapegar, do que e como devemos dizer adeus ao nosso próprio ego. A palavra clássica de Jesus que nos convoca a deixar de lado tudo o que nos constitui é: "Se alguém quiser vir após mim, renuncie a si mesmo, tome a sua cruz e me siga. Pois quem quiser salvar a sua vida, vai perdê-la; mas quem perder a sua vida por amor de mim e pela causa do Evangelho, há de salvá-la" (Mc 8,34s.). A palavra grega para "renunciar" é *"aparnesastho"*. Significa: negar, oferecer resistência, tomar distância. Portanto, trata-se de se libertar do domínio do ego, resistindo ao impulso do ego, que quer nos dominar completamente. O ego sempre quer se apresentar, sempre quer se provar. Portanto, devemos dar adeus ao domínio do ego para alcançar o verdadeiro eu. Jesus oferece duas maneiras de fazer isso: 1) tomar a cruz para si, 2) segui-lo. Tomar a cruz para si significa aceitar a si mesmo, com todas as aspirações antagônicas e lados conflitantes da alma humana. De acordo com C.G. Jung, trata-se de aceitar a si mesmo em sua polaridade. Seguir Jesus significa seguir o impulso interior que se ouve dentro de si quando se fica quieto, quando se sai do barulho e da rotina da vida cotidiana.

A segunda palavra fala que devemos abrir mão de nossa vida, se desapegar dela, para ganhá-la. Nessa parte está escrito em grego *psyche*. Isso significa literalmente: alma. Atualmente, costumamos traduzi-lo como vida. Entretanto, nenhuma das traduções capta exatamente o que a Bíblia quer dizer. A *psyche* é a portadora da vida e uma imagem para o eu, para a imagem original de Deus no ser humano. Quando interpretamos a palavra de Jesus, então entendo aqui por alma aquilo que nos constitui, que nos mantém vivos, mas também significa nossas convicções de vida, nossa filosofia de vida, aquilo que nutre a vida em nós e a faz florescer. Devemos nos libertar de tudo o que achamos que é absolutamente necessário para nós, para que nos sintamos vivos. Devemos nos livrar dos hábitos sem os quais achamos que não podemos viver. Então, encontraremos a verdadeira vida, a verdadeira vivacidade. Em Mateus isso significa: nós encontraremos a vida. Marcos e Lucas falam de *sozein* = salvar, preservar, curar.

Tendo em vista nosso tema da despedida, podemos interpretar essas palavras da seguinte maneira: é necessário dizer adeus ao nosso ego e a todas as concepções que temos sobre a vida e sobre nós mesmos. Só então encontraremos nosso verdadeiro eu e nossa alma, nossa vivacidade. Só então nossa vida será saudável.

O grão de trigo que cai na terra

No Evangelho segundo João, as palavras de Jesus nos sinóticos correspondem à palavra que Jesus diz aos gregos que querem falar com Ele. Com essa palavra, Ele interpreta sua própria morte, mas também o mistério de nossa vida: "Na verdade eu vos digo: se o grão de trigo não cair na terra e não morrer, ficará só; mas se morrer, produzirá muito fruto" (Jo

12,24). João entende a morte de Jesus na cruz como glorificação por Deus. Pois, na cruz, o amor triunfa sobre o ódio do mundo. Os gregos querem ver Jesus. Para os gregos, a visão é o sentido mais importante. Jesus lhes promete que verão a glória de Deus nele, mas de uma forma muito diferente da que eles esperavam. Mas a palavra de Jesus também vale para nós. Despedir-se é como um morrer.

O grão deve morrer para que brote o fruto. Nosso ego deve morrer, por assim dizer, para que o verdadeiro eu, a gloriosa imagem original de Deus, possa brilhar em nós. O grão de trigo se refere a tudo isso que imaginamos para nossa vida: que teremos êxito, que seremos ricos, que seremos felizes. Todas essas concepções precisam morrer para que a glória de Deus possa brilhar em nós, para que possamos crescer na forma que corresponde à nossa verdadeira natureza. Se sempre segurarmos o grão em nossas mãos, nada crescerá a partir dele. Somente se o colocarmos na terra é que ele se transformará e produzirá muito fruto.

A finalidade da despedida é, portanto, que nossa vida dê frutos, que nos tornemos uma bênção para os outros. Mas antes de darmos frutos, são necessárias as muitas pequenas mortes que sofremos nas despedidas da nossa vida. Quem sempre se apega a si mesmo e aos velhos hábitos e modos de vida permanece interiormente estagnado, enrijecido. Somente a vida que se transforma é que permanece viva. Mas para mudar a si mesmo muitas vezes temos que emigrar do que nos é conhecido, temos que dizer adeus ao que nos prende.

> *A finalidade da despedida é que nossa vida dê frutos, que nos tornemos uma bênção para os outros. Mas antes de darmos frutos, são necessárias as muitas pequenas mortes que sofremos nas despedidas da nossa vida.*

DIANTE DA MORTE
MESTRES ESPIRITUAIS COMO GUIAS PARA A VIDA

Ensinamentos dos mestres zen e
dos Padres do Deserto sobre a despedida

Como viver diante da morte? A espiritualidade, como questão sobre o que é essencial, mostra-se precisamente na seriedade da despedida da vida e na consciência dessa despedida. Percebemos isso em todas as tradições: no hinduísmo e no cristianismo, com os sufis muçulmanos e com os mestres hassídicos do judaísmo. No zen-budismo, a ênfase é diferente daquela colocada nos ensinamentos do budismo tibetano, onde há complicadas preparações para a morte. Também no cristianismo as várias tradições têm ênfases distintas. No entanto, é possível observar duas perspectivas típicas sobre a despedida final, apresentadas a seguir pelos antigos padres monges cristãos e pelos mestres da tradição zen japonesa. No fundo, elas estão conectadas uma à outra: são palavras do espaço da morte que remetem ao espaço da vida. A vida indica o caminho. Mas também a morte é um guia para a vida.

Na literatura zen são transmitidas palavras de poetas japoneses de haikai e de monges zen antes de sua morte. É surpreendente a simplicidade das palavras, muitas vezes bastante lapidares. Não há rituais complicados de preparação para a morte, nem palestras arrebatadoras ou prenhes de significados profundos. Eis que os discípulos do mestre esperam por uma palavra significativa. Mas os monges zen muitas vezes decepcionam seus discípulos. Assim pergunta um mestre japonês a um monge antes de sua morte: "Para onde você irá depois da morte?" O monge responde: "Desculpe-me por um minuto. Preciso ir ao banheiro". Outros monges se despedem com um poema, como Kozan Ichikyo, que morreu em 1360: "Com as mãos vazias eu cheguei neste mundo/ de pés descalços eu o deixo./ Minha chegada, minha partida/ dois acontecimentos simples/ entrelaçados". Outro monge, que morreu em 1905, aos 80 anos de idade, disse: "No meu mundo a primavera chegou agora: adeus, passar bem!" Goshi, que morreu em 1775, aos 66 anos, disse antes de morrer: "Para agradecer à vida, viro-me para trás e me curvo para o oriente". Uko, que morreu em 1820, aos 82 anos, poetizou antes de sua morte: "A voz do rouxinol me faz esquecer meus anos".

> Palavras de despedida dos mestres espirituais são palavras do espaço da morte que remetem ao espaço da vida. A vida indica o caminho. Mas também a morte é um guia para a vida.

Os monges zen colocam a morte em perspectiva. Ela não é tão importante. Mais importante, por exemplo, é a imersão na experiência da natureza: a voz do rouxinol. Mas o monge Joseki, que morreu em 1779 aos 85 anos de idade, diz uma palavra de esperança que também podemos ouvir de monges cristãos: "Hoje será meu aniversário no nirvana".

Em todas essas palavras, percebe-se o conhecimento do fim, mas não o medo da morte. Também não há anseio pelo além, mas sim a confiança de que a morte é um novo nascimento, mesmo que não possamos imaginar como seja. Viver no momento – mesmo e especialmente na hora da despedida. As pessoas quando morrem estão totalmente envolvidas no momento. E elas se libertam de todo o resto, se desconectam de tudo, não se agarram mais a nada. O todo tem algo de natural, um processo necessário do qual não se pode escapar, mas ao qual se pode confiar.

Encontramos um direcionamento também nas histórias sobre a morte dos pais monges. Entre os apotegmas, ditados dos pais dos monges do deserto, há muitas pequenas histórias nas quais os monges visitam um velho pai e pedem uma palavra antes de sua morte. Também os velhos pais muitas vezes não realizam os desejos de seus suplicantes. O velho pai Agaton decepciona aqueles que o acompanham em sua morte. Como ele ficou sentado com os olhos abertos por três dias e não se moveu, os irmãos lhe perguntaram: "Velho pai Agaton, onde o senhor está?" Ele respondeu: "Estou na presença do tribunal de Deus". Os irmãos ficaram desapontados, pois achavam que ele deveria confiar que se sairia bem diante de Deus. Como continuaram lhe perguntando mais, ele lhes respondeu: "Fazei-me um favor e não falai mais comigo; pois estou ocupado". E o ditado dos pais conclui a história de sua morte com as palavras: "Assim ele concluiu com alegria. Viram que ele se ergueu, como alguém quando cumprimenta seus amigos" (Apo, p. 111). Assim, o velho Agaton quer dizer: mesmo que ele pense que fez tudo certo, o julgamento de Deus é diferente da opinião dos homens. Ele se entrega completamente a Deus. Isso o transforma. Por fim, não há mais temor, mas apenas alegria. E a morte é como o cumprimento dos amigos que o precederam na morte.

Diz-se que o velho pai Benjamim, quando estava morrendo, disse a seus irmãos: "Fazei isto e encontrareis a salvação, isto é: alegrai-vos sempre, orai sem cessar e agradecei a todos" (Apo, p. 171). Ele dá a seus irmãos uma palavra que poderá ajudá-los a viver bem suas vidas. Ele não fala de arrependimento e contrição, mas de alegria, oração contínua e agradecimento. Essa pode muito bem ser uma mensagem que nos mostra o caminho para uma vida bem-sucedida hoje. Abba Isaac, ao morrer, adverte os irmãos a guardarem mandamentos de Deus. Em seguida, ele fala sobre a morte dos velhos pais antes dele: "Quando nossos pais estavam morrendo, também nós sofremos. Mas ao guardarmos os mandamentos do Senhor e as instruções do Senhor, os conservamos como se ainda estivessem entre nós. Assim fazei também vós e encontrareis a salvação" (Apo, p. 382). Se vivermos conforme os pais nos ensinaram, então eles estarão entre nós, por assim dizer. Nós nos sentimos fortalecidos por eles. Essa é uma bela imagem para as pessoas que são ou foram exemplos para nós. Quando prestamos atenção em suas palavras, elas ainda estão entre nós, fortalecendo-nos e apoiando-nos.

Quando o velho pai João estava em seu leito de morte, os irmãos queriam dele mais uma palavra, que ele deveria lhes deixar como uma herança. Ele respondeu a esse pedido: "Nunca fiz minha própria vontade e nunca ensinei a ninguém nada que eu mesmo não tenha feito primeiro" (Apo, p. 431). Com essas palavras ele resume sua vida e a oferece como um convite para fazer exatamente o mesmo. Abbas Pambo também fala sobre aquilo que ele fez. Ele diz: "Não me lembro de ter comido qualquer pão que não tenha adquirido por meio de trabalho manual, nem sinto remorso por uma palavra que tenha dito até esta hora. E, no entanto, vou até Deus como alguém que ainda nem começou a servir a Deus" (Apo, p. 769). Ele coloca tudo o que fez em perspectiva. Na morte, somos todos mendigos, como tão bem formulou Martinho Lutero.

A vida e a morte nesses discursos de despedida estão, portanto, significativamente relacionadas entre si: também os velhos Pais do Deserto antes de sua morte descrevem mais uma vez o que queriam transmitir com suas vidas. Eles sempre dizem que nunca solicitaram dos outros algo que eles mesmos já não tivessem feito. Eles lembram que nunca fizeram julgamento de ninguém. E dizem que se sentem como iniciantes mesmo na morte. Mas confiam que o amor de Deus concluirá tudo o que eles apenas começaram e só realizaram em partes. Eles incentivam as pessoas ao seu redor, mas também desafiam aqueles que estão mais adiante na vida a viver essa sua vida cuidando.

>...
> Eis um conhecimento do fim, mas não um medo da morte. Também não há anseio pelo além, mas sim a confiança de que a morte é um novo nascimento, mesmo que não possamos imaginar como seja.
> Viver no momento – mesmo e especialmente na hora da despedida.
>...

Vivendo em despedida
Dez atitudes

Até aqui, examinamos muitas situações em que temos de nos despedir: despedidas de pessoas, de lugares, de habilidades, de coisas. Agora surgem as perguntas: o que essas muitas despedidas significam para nossas vidas, como seria uma arte da vida em despedida e que atitudes poderiam ser desenvolvidas para essa cultura da partida. As atitudes servem para nos dar apoio nas fases de transição, na incerteza que surge em nós a cada despedida. Em todas essas atitudes, a estrutura dupla da despedida se torna visível: despedida e novo começo, dor da despedida e sentimentos positivos sobre o que há de novo surgindo em nós, sobre a possível partida para novos mundos. Assim, gostaria de tentar apresentar a seguir alguns desses aspectos e descrever dez atitudes que podem nos ajudar a nos tornar mais livres, mais descontraídos e mais esperançosos nas vicissitudes da vida.

1
Aprender a diferenciar e aprimorar o olhar para o essencial

A experiência das despedidas pode aguçar meu olhar para o que é essencial. Quando me despeço das coisas, eu me pergunto: do que devo me despedir, o que essas coisas significam para mim? Talvez também: o que devo descartar e do que ainda preciso? Portanto, trata-se sempre também de uma distinção entre aquilo que é essencial para mim e aquilo de que posso me desapegar e do que eu deveria me desapegar. Traçar a diferença, evidentemente, exige também uma decisão. Quem não consegue distinguir entre o que é importante e o que não é também terá dificuldade para decidir. Uma decisão a favor de algo é sempre uma decisão contra algo. Dessa maneira, toda vez que tomo uma decisão, tenho de me despedir daquilo contra o que decidi. Se decidi estudar medicina e não música, o que também teria me atraído como um estudo, então tenho que dizer adeus à faculdade de música e me enlutar pelo fato de não poder estudar isso agora. Somente quando eu me enlutar por aquilo contra o que decidi é que posso colocar toda a minha força no que estou fazendo. Muitos não fazem o luto por aquilo contra o que decidiram e em vez disso acabam lamentando depois. Mas o lamento drena toda a nossa energia. Isso também vale para a despedida das coisas. Se ficarmos lamentando por elas, não conseguiremos aproveitar o que temos agora e o que estamos fazendo agora.

Ter um olhar atento para o que é essencial – isso também vale para a despedida das pessoas. Então me pergunto: como moldamos nosso relacionamento com uma pessoa de quem estamos nos despedindo? Também com relação às amizades:

a amizade com essa pessoa é essencial para mim e também é uma bênção para a outra pessoa? Ou simplesmente nos apegamos a essa amizade por hábito, pois temos medo de olhar honestamente para nosso relacionamento e esclarecê-lo? Viver a despedida também significa desenvolver uma intuição de quais relacionamentos eu quero manter e de quais prefiro me desapegar. Nesse contexto, meus sentimentos também são uma pista importante para minhas decisões. Se eu sentir uma resistência interna ou se a raiva eclodir dentro de mim ou se eu tiver intuitivamente uma sensação de desconforto interno, não devo simplesmente relegar esses sentimentos. Eles também podem me indicar que devo tomar uma decisão e talvez até me despedir dessa pessoa.

2
Libertar-se da ilusão de estar livre do sofrimento e tratar com empatia quem sofre

A dor associada a algumas despedidas também faz parte de nossa verdade existencial, é parte do sofrimento da vida. Não devemos buscar o sofrimento, mas tentar aliviá-lo sempre que possível. Mas também não podemos evitá-lo. Independentemente da dor que cada despedida significa, somos recorrentemente confrontados com o sofrimento em nossa vida: com nosso próprio sofrimento quando uma pessoa querida morre, quando entramos em depressão, ficamos doentes ou somos atingidos por um golpe do destino. Também o vivenciamos no confronto com o sofrimento de outras pessoas que estão em uma situação de sofrimento devido a circunstâncias externas ou que sofrem por si mesmas. Se olharmos de forma realista para nossa vida, devemos dizer adeus à ilusão de que nós mesmos ou as pessoas que amamos seremos poupados do sofrimento. Não devemos buscar o sofrimento, mas sim encontrar maneiras de lidar com ele. Reprimi-lo não é a maneira de fazer isso. Seria uma ilusão não reconhecer que o sofrimento é uma realidade. Aceitá-lo como uma realidade também envolve reconhecer que dói. Mas também é importante que não deixemos de fora as coisas positivas em nossa vida, que nos deixemos ser ajudados e também perguntemos o que poderia nos ajudar ou nos fazer bem. Não existe uma estratégia para evitar completamente o sofrimento. Portanto, também é importante nos despedirmos da ilusão de que seremos poupados do sofrimento para sempre. Se ficamos em paz com o fato de que o sofrimento pode nos atingir, também seremos mais capazes não apenas de buscar nossa própria felicidade, mas também de nos envolvermos de forma empática com aqueles que estão sofrendo, sentindo compaixão por eles e ajudando ativamente a aliviar seu sofrimento. Se reprimimos o sofrimento, não queremos ter nada a ver com as pessoas que sofrem. Desviamos do caminho delas. Pois elas nos lembram que o sofrimento também pode nos atingir. Dizer adeus à ilusão de estar livre do sofrimento é, portanto, o requisito para se deixar envolver com pessoas que estão sofrendo, para sentir junto com elas e para buscar com elas por maneiras de aliviar seu sofrimento.

Há também uma tendência em nossa sociedade de reprimir o sofrimento. Porém uma sociedade que reprime o sofrimento torna-se cada vez mais severa e brutal. Ela não quer ter nada a ver com aqueles que sofrem, quer excluí-los da comunidade. Mas a marca da cultura verdadeiramente humana é sempre o tratamento adequado do sofrimento. Somente uma sociedade que se preocupa com aqueles que sofrem é humana. E somente ela pode oferecer um espaço no qual todas as pessoas encontrem seu lugar: os fortes e os fracos, os saudáveis e os doentes, os felizes e os infelizes.

3
SUPORTAR INCERTEZAS, MAS PARTIR PARA A VIDA COM CONFIANÇA

Em nosso mundo, com seus muitos perigos, e em nossa sociedade, com sua diversidade de opiniões, posições e valores, está se tornando cada vez mais difícil encontrar a própria estabilidade e segurança interior. Hábitos antigos estão desaparecendo. A vida como um todo se tornou mais arriscada e incerta. Muitos reagem às incertezas da vida com medo. É preciso suportar as incertezas e também lidar com o medo de forma adequada. O medo me mostra: sim, o mundo é incerto. Eu posso ficar doente. O futuro pode ser sombrio. Mas o medo também pode se tornar um convite para confiar e ter a esperança de que, apesar de todas as incertezas, estou sendo amparado por algo maior: a bondade e o amor de Deus.

Mesmo que reconheçamos que nossa vida é incerta e está ameaçada, ainda podemos responder ativamente ao que sentimos como ameaça. Quando constatamos que a impotência é uma parte essencial do ser humano, quando a reconhecemos e ficamos em paz com ela, ela perde seu poder paralisante. Justamente quando oro diante da minha impotência é que posso experienciar: enquanto eu orar, tenho esperança de que algo novo se abrirá em minha vida e no mundo. A oração sempre pretende levar à ação. Na oração posso descobrir o que eu poderia fazer ativamente para mudar as coisas. Se tivermos esperança, também podemos confiar em que algo mudará para melhor e considerar como podemos reagir ativamente. Tal confiança não pode ser simplesmente "feita". Mas posso sempre tentar me decidir pela confiança. Ao não reprimir o medo, posso entrar em contato com a confiança que sempre existiu em mim no fundo da minha alma, demasiadas vezes preenchida apenas por preocupações e medos. Quando atravesso o medo, posso me deparar com a confiança de que estou nas boas mãos de Deus, que sua bênção me acompanha e me protege. Posso imaginar que essa bênção me cobre como um manto protetor. Apesar de todo o perigo, confio em que, mesmo neste mundo incerto, Deus me permitirá ter um bom futuro. Com essa confiança, sigo meu caminho, mesmo em tempos difíceis.

4
Questionar hábitos e ousar mudanças

Os hábitos dão segurança à nossa vida. Nós nos acostumamos com determinados processos em nossa vida; acostumamo-nos com nossas próprias formas de comportamento porque elas dão ordem e estabilidade à nossa vida. Normalmente, nem questionamos mais esses comportamentos. Mas às vezes eles também não nos fazem bem; eles nos enrijecem e, muitas vezes, também não nos deixam ver o que seria necessário para nós e para nossa vida. Por isso, temos sempre que nos despedir de alguns hábitos para que uma nova vida possa florescer dentro de nós. Mas isso geralmente é difícil. Em alemão, as palavras *Gewohnheit* [hábito] e *gewöhnen* [habituar-se] têm a mesma raiz de *gewinnen* [ganhar, vencer]. Em nossos hábitos também ganhamos algo: uma vida adequada. Para nós é difícil se desapegar disso. E é sempre exaustivo remodelar a própria vida. Mas abandonar os hábitos é uma condição para desenvolvermos novas visões sobre nossa vida, para que algo novo surja dentro de nós. Mas o medo do desconhecido faz com que muitas pessoas se apeguem a seus hábitos. Deve-se ousar ao novo; e ousar sempre implica risco. Afinal de contas, ousadia tem relação com a balança. Eu coloco algo na balança sem saber seu contrapeso.

Viver uma vida em despedida significa examinar nossos hábitos com uma lupa e questioná-los: isso realmente me faz bem? Isso ainda faz sentido para mim? Ou isso apenas restringe a mim e à minha vida e acaba se reduzindo a mera rotina? Quando faço isso, posso decidir quais hábitos eu quero manter e de quais quero me despedir. Desapegar-se de hábitos causa inicialmente insegurança, mas cria um espaço no qual posso experimentar coisas novas e soltar a imaginação para o que está por vir. Assim, eu também me vivencio de um modo novo. Novas formas em minha vida também renovam a mim, permitem que o novo surja dentro de mim. Mas é preciso coragem para a ousadia.

5
TER COMO SE NÃO TIVESSE E TAMBÉM EXPERIMENTAR NA RENÚNCIA A LIBERDADE INTERIOR

Precisamos das coisas necessárias para viver, precisamos de dinheiro para ganhar a vida, precisamos de algumas coisas para facilitar nossa vida. A pergunta é: Quanto é o suficiente? E qual é a nossa relação com aquilo que possuímos? A arte consiste em possuir essas coisas – mas com uma liberdade interior. Os budistas falam de "não apego". Quando Jesus abençoa aqueles que são pobres de espírito, isso significa a mesma atitude: a liberdade interior em relação à posse. Na Primeira Epístola aos Coríntios, Paulo se refere à atitude da filosofia estoica, que proclama a liberdade interior em relação às coisas deste mundo. Um pensamento importante na filosofia estoica é o distanciamento interno do destino externo. A filosofia estoica aconselha a pessoa a se retirar para o interior seguro e livre, para o santuário interno do "auto". Paulo apresenta outro motivo para a liberdade interior em relação às coisas: a brevidade do tempo. Como o tempo é curto, "os que têm mulher vivam como se não a tivessem; os que choram, como se não chorassem; os que se alegram, como se não se alegrassem; os que compram, como se não possuíssem; e os que usam deste mundo, como se dele não usassem, porque a aparência deste mundo passa" (1Cor 7,29-31).

Ambas as fundamentações para a liberdade interior podem nos ajudar a tomar uma distância interna das coisas. A fundamentação estoica é incorporada no misticismo cristão. Devemos ir para dentro, para o fundo da alma, como diz Johannes Tauler, e então nos libertamos do apego; então usamos as coisas, mas não dependeremos delas. Mas também a fundamentação do Apóstolo Paulo pode nos ajudar: o tempo é curto. Isso não quer dizer apenas o tempo até o retorno de Jesus, mas o tempo até a nossa morte. Como nosso tempo é limitado, não vale a pena nos definirmos a partir de posses. Pois mais tarde, na morte, temos que deixar tudo. "A última camisa não tem bolsos", como diz o ditado popular, ou seja: dessa vida nada se leva. Por isso, temos que nos despedir da ilusão de que teríamos a posse eternamente. Não é apenas a morte que nos separará dela. Também podem ocorrer situações em nossa vida que nos privem de todos os nossos bens. Portanto, a liberdade interior é necessária diante de todo o ter.

Nosso tempo não é apenas limitado e, portanto, precioso. Mas mesmo aquilo que possuímos, aquilo que precisamos para viver, é limitado. Para alguns, a limitação é dolorosa porque seus desejos são muito maiores. Eles experimentam a limitação como uma restrição em suas vidas. Mas a insaciabilidade e a ganância sem limites não deixam ninguém satisfeito. Somente quem faz as pazes com a limitação é que pode, com toda liberdade, refletir sobre o que realmente precisa para viver. Esse é um requisito para se sentir livre. Então, perceberá que não necessita de tantas coisas que acumulou em sua habitação. Também é preciso ter coragem para se desapegar de muitas coisas e descartá-las para que se sinta livre novamente. Então a vida ficará cada vez mais simples. A simplicidade não é um ascetismo rigoroso, mas a consciência de não precisar de muito. A simplicidade é a condição para simplesmente se envolver na vida e não se entregar constantemente a desejos não realizados.

"Não ter nada, possuir tudo" é uma sabedoria sobre o caminho para a liberdade que se encontra em todas as épocas, em todas as religiões. A liberdade interior em relação às coisas leva a um estilo de vida mais simples. Nós nos conscientizamos de que não precisamos de muitas coisas. E reconhecemos que as coisas geralmente têm uma função substituta. Quando reconhecemos que as coisas são substitutos para o vazio interior, então o ascetismo do consumo também nos leva à liberdade interior. Então, podemos aproveitar o fato de que não precisamos mais de muitas coisas, de que estamos livres da pressão de comprar mais e mais e de possuir mais e mais. A renúncia não é uma autoagressão; pelo contrário, existe também a vontade de renunciar. Porque a renúncia nos demonstra que podemos decidir por nós mesmos quais necessidades queremos satisfazer e quais não. E nos abre nossos olhos para as outras pessoas com quem devemos compartilhar nossas posses; pois quem gira em torno da posse se isola. A renúncia cria uma comunidade.

6
AO LIDAR COM PESSOAS: APRENDER A SE DESAPEGAR, MAS TAMBÉM VIVER O COMPROMISSO

Viver em despedida significa, também ao lidar com as pessoas, a disposição para sempre se desapegar. Não podemos prender as pessoas. Os amigos são arrancados de nós por meio da morte. No mais tardar quando pessoas queridas morrem, temos que nos desapegar delas. O desapego não se aplica apenas ao término de relacionamentos, mas também aos nossos relacionamentos vivenciados concretamente. Quando nos prendemos a alguém próximo a nós, nós o restringimos. Isso dificulta o relacionamento mais do que o intensifica ou estimula. Um bom relacionamento é sempre caracterizado pela liberdade. Ele está vivo na disposição de se desapegar, de deixar a outra pessoa ser como ela é, em vez de pressioná-la com nossas expectativas e restringi-la. Quando praticamos essa liberdade interior do desapego, não temos medo de perder o outro. Pelo contrário, essa liberdade interior é uma condição para que nosso relacionamento perdure. A liberdade interior de se desapegar também não se opõe à fidelidade. Na fidelidade, eu me uno ao outro. Contudo, isso não é uma restrição; a fidelidade é um requisito importante para a individuação humana, para o tornar-se a si mesmo. Na fidelidade, a pessoa descobre que é mais do que uma sucessão de estados diferentes, que dentro de si há algo eterno, que transcende o tempo. Somente a partir do comportamento de fidelidade que supera o tempo – como diz Otto Friedrich Bollnow – é que o homem conquista seu próprio eu.

Viver em despedida em um relacionamento, portanto, significa a arte de manter um equilíbrio entre o desapego e o compromisso. Hoje em dia, achamos difícil viver o compromisso. Não queremos assumir nenhuma obrigação. Mas o compromisso também faz parte de um bom relacionamento. Nós nos sentimos conectados. Essa conexão não significa se prender descontroladamente ao outro. Ao me comprometer com outra pessoa, seja um namorado ou namorada, uma amiga ou amigo, estou, ao mesmo tempo, treinando-me para sempre me desapegar no relacionamento: desapego-me das minhas expectativas, que inconscientemente surgem em mim em relação à outra pessoa. Estou conectado, mas, ao mesmo tempo, deixo a outra pessoa livre para crescer e se desenvolver, da maneira como ela achar apropriado. Mas conexão significa sempre que duas pessoas estão conectadas uma com a outra. Elas não se fundem, mas cada uma continua sendo ela mesma. Porém reconhecemos em nós também a tendência de prender a outra pessoa bem junto a nós, de se apossar dela. Por isso, uma conexão saudável sempre requer o desapego de todas as tendências possessivas.

7
Não reprimir as experiências, mas desapegar-se e integrar as lembranças

Despedir-se e desapegar-se também estão relacionados à história de vida de cada um. Devemos aceitar nossas histórias de vida e fazer as pazes com elas. Mas não devemos ficar arrastando-as como um fardo. Ambas andam de mãos dadas: aceitar a história de sua própria vida e deixar o passado para trás. Aceitar e deixar para trás são princípios básicos também em minha própria vida e requisitos para que minha vida seja bem-sucedida. Aceitar significa: aceito meu passado como ele foi. Não preciso ficar me perguntando: E se tivesse sido assim...?

Como teria sido minha vida se isso ou aquilo não tivesse acontecido? Perguntas como essa não levam a lugar algum. Minha vida foi como foi. Isso eu tenho que aceitar. Aceitar não significa admitir, rangendo os dentes, o que aconteceu. Mas sim: reconheço quem sou em vista da vida que vivi e tento internamente afirmar minha vida e afirmar a mim mesmo com essa história de vida. Não importa o que tenha acontecido, eu me tornei quem sou agora por meio de minha história de vida. Essa é a base a partir da qual eu sigo em frente. Portanto, eu me aceito também nesse sentido. Eu me abstenho de me recriminar constantemente por ser assim ou de ficar me criticando pelo fato de que muitas coisas deveriam ter sido melhores. Se essa primeira etapa for concluída, então poderei fazer a segunda: desapegar-se do que já foi. Desapegar-se não significa esquecer. Significa deixar de ficar sobrevoando o que passou e também de ficar elucubrando se as coisas não poderiam ter sido diferentes.

Aceitar e desapegar-se são normalmente duas etapas que se seguem uma à outra. Mas elas também ocorrem uma dentro da outra: ao deixar de me recriminar, aprendo a me aceitar. E vice-versa: ao aceitar a mim mesmo, abandono a preocupação constante com o passado. Eu vivo agora no momento. Estou aberto ao que o presente traz e a como ele me desafia.

Nossa história pertence essencialmente a nós. Ela pode ser uma parte preciosa de nossa vida, que nos traz felicidade de lembrar. Mas isso também pode nos sobrecarregar. De qualquer forma, ela nos marca e nos tornamos aquilo que a história fez de nós. Trata-se de uma contatação tanto psicológica quanto espiritual: só podemos nos desapegar daquilo que aceitamos. Mas o desapego é o requisito para permanecermos vivos, para que o novo cresça dentro de nós.

Faz-nos bem a todos contar sobre o passado, relembrá-lo e ser grato por ele. Mas, ao mesmo tempo, é nossa tarefa sempre voltar a nos desapegar com gratidão. Na memória, ele permanece dentro de nós; no entanto, como nos desapegamos do passado, somos capazes de nos concentrar no momento presente e nos envolver com as pessoas concretas com as quais tenho a ver agora, junto com as quais estou tentando resolver problemas.

O passado – tanto o próprio, individual, quanto o coletivo, seja de um povo ou de uma instituição – não se caracteriza apenas por boas lembranças. No passado também ocorreram muitas injustiças e a história também conhece tragédias e catástrofes. Em 1959, Alexander e Margarete Mitscherlich escreveram o livro *Die Unfähigkeit zu trauern* (A incapacidade de fazer o luto) com o objetivo de analisar a maneira como os alemães lidam com sua história. Se reprimirmos da memória a injustiça que aconteceu em uma instituição, em uma empresa, na Igreja, na sociedade, se não a percebermos e não nos enlutarmos, a instituição enrijece. E isso vale também para nossa vida individual: se não fizermos pessoalmente o luto das oportunidades de vida perdidas e dos sonhos de vida destruídos, então ainda estaremos presos ao passado e com isso estaremos desperdiçando muita energia. Continuamos presos a reclamações sobre o passado. Luto significa: despedir-se das injustiças do passado, mas também dizer adeus à ilusão de um passado imaculado, para então se envolver plenamente com o presente. Quem não aceita e não se desapega do passado corre o risco de repeti-lo. Por isso, despedir-se conscientemente no luto é o requisito para possibilitar uma nova esperança para o presente e para moldar o futuro com nova força e novas ideias.

8
Despedida do egocentrismo, consciência de uma vida em conexão

Hoje em dia, o narcisismo está aumentando – é o que dizem os psicólogos. Os narcisistas sempre giram em torno de seu próprio ego. Eles são incapazes de se envolver com outras pessoas. No entanto, o abandono do ego, a capacidade de se distanciar de si mesmo, é uma condição para poder realmente se envolver com outras pessoas. Uma vida significativa não se trata de parecer bem ou de querer ser perfeito o tempo todo, mas de estar conectado às pessoas. Atualmente, as pessoas anseiam por pertencimento, por conexão. Nos ambientes em que as pessoas estão conectadas umas com as outras, elas sentem mais energia dentro de si, são criativas e conseguem sempre pensar em novas soluções. Mas a conexão é o oposto do egocentrismo egoísta que os narcisistas dominam tão bem. O egoísta está isolado. Somente aqueles que abandonam seu ego, que abandonam o desejo de ser o centro das atenções, são capazes de se envolver com os outros e se conectar com eles.

A conexão não se refere apenas às pessoas, mas também a nós mesmos. Trata-se de estar conectado com tudo o que está dentro de mim e com o que estou fazendo no momento.

E a conexão também se estende para além do presente. Estarmos conectados com nossos antepassados nos faz bem. Assim, vivemos a partir de suas raízes. E é importante que também nos conectemos com as pessoas que viverão depois de nós, que não vivamos de forma egocêntrica e às custas das gerações futuras, mas que consideremos as possibilidades de vida em um mundo depois de nós: conexão também significa viver de forma responsável.

A neurociência sabe que o cérebro da criança ainda está aberto a muitas conexões. Quando a criança se sente conectada, formam-se as conexões mais criativas do cérebro. Qualquer pessoa que se sinta conectada quando criança, que tenha experimentado bons vínculos familiares, também será capaz, quando adulta, de se distanciar de relacionamentos que não são mais adequados para ela. Quem passou pela experiência de insegurança nos vínculos da infância, depois tem maior probabilidade de entrar em relacionamentos tóxicos, dos quais não consegue se libertar, pois sofre com o medo de ser abandonado. As boas experiências de vínculo nos permitem posteriormente formar bons vínculos e, ao mesmo tempo, nos separar de relacionamentos que nos prejudicariam no longo prazo. Quando nos sentimos conectados, todas as habilidades que Deus nos concedeu podem se tornar realidade. Assim, dizer adeus ao ego não leva a um isolamento, mas a uma nova conexão na qual nossas vidas podem dar frutos para nós mesmos e para os outros.

9
Cultura do tempo como cultura de vida: a arte de começar, de terminar e de interromper

A cultura do tempo como uma cultura de vida significa a arte de começar bem como a arte de parar e de terminar. O parar e o começar determinam nossa vida. O tempo passa a cada momento e um novo tempo surge a cada momento. A cada momento, começamos de novo. Isso se aplica a toda a vida, mas também às atividades cotidianas. Algumas pessoas se propõem a fazer algo, mas nunca conseguem começar. Começar significa tomar minha vida agora em minhas próprias mãos e dar-lhe uma forma. Outros não conseguem terminar algo e sempre se agarram aos problemas antigos.

Existe a doença da "procrastinação", ou seja, a tendência de adiar constantemente as coisas. Se as pessoas nem começam, então elas nunca chegarão ao fim. A lei do começar e do terminar vale não apenas para aquilo que fazemos, mas também para os nossos relacionamentos. Também há relacionamentos que nunca começam de fato. Começos e términos só acontecem quando nos desapegamos, quando nos despedimos do descomprometimento.

Além da procrastinação, há outra doença, o "imediatismo". Tudo tem que ser feito imediatamente. Cada mensagem e cada e-mail precisa ser respondido imediatamente, mesmo no meio da noite. Em ambos os casos – procrastinação e imediatismo – o ritmo saudável do tempo foi perdido. Ambos criam pressão. Quem adia aumenta a pressão. A montanha que se acumula vai ficando cada vez mais alta. Quem quer resolver tudo imediatamente acaba se colocando constantemente sob pressão. Não tem tempo para fazer nada em paz. E acima de tudo: quando se coloca sob tanta pressão, não deixa um tempo para si mesmo.

Portanto, a interrupção também é importante. Ela pode abrir nossos olhos para o que é essencial, para o que está acontecendo e para o que realmente buscamos. Ambos pertencem a uma boa cultura do tempo: a capacidade de esperar com paciência e de decidir aproveitar o momento certo. O ritmo saudável do tempo conhece um tempo lento que desfrutamos, que nos pertence, e um tempo rápido em que trabalhamos efetivamente. Mas o tempo rápido não precisa ser um tempo agitado, mas sim um tempo em que estamos no fluxo.

10
Finalmente viver – Grato pelo dom da vida

A sabedoria consiste em tomar consciência de sua própria finitude. A morte é certa para todos nós, tanto jovens quanto velhos de agora. Isso pode ocorrer repentinamente, já hoje ou amanhã. No entanto, o conhecimento dessa certeza não deve nos paralisar, mas sim permitir que nós – velhos ou jovens – nos envolvamos por inteiro na vida que estamos vivendo agora. O pensamento da finitude de nossas vidas pode ser um motivo de gratidão e nos despertar para o dia de hoje, ser um incentivo para finalmente viver. Se viver em despedida significa aceitar a própria finitude, então isso também significa: eu vivo na consciência de que minha vida pode a qualquer momento chegar ao fim. Mas isso não significa relegar o momento. Ao estar consciente da despedida, eu me envolvo totalmente com o momento, aproveito a conversa que estou tendo, aproveito o vento e o sol em minha caminhada. A ideia da morte fortalece e intensifica a vida, porque me permite viver de forma consciente e atenta. A morte me mostra o que significa a vida. É exatamente aqui que sinto o segredo da vida, da vivacidade. Então, eu vivo realmente, em vez de ser vivido pelas expectativas dos outros. Eu vivencio cada momento com gratidão. A gratidão não se apega. Ela sabe que cada momento é um presente, uma dádiva. Hoje em dia há muitas pessoas que não querem perder nenhuma oportunidade para vivenciar o máximo possível. Mas se sempre entendemos nossa vida apenas como uma "última chance", então ela se torna inquieta, incansável e, muitas vezes, neurótica. A vida real só se torna possível quando integramos a morte em nossas vidas. Portanto, viver em despedida significa: viver completamente no momento e com todos os sentidos. Tudo o que vivencio está impresso em mim e me molda. Mas eu também mudo a cada momento. Não posso me agarrar a nada. Sigo em frente com gratidão e estou aberto ao que se mostra para mim no momento seguinte. Quem vive completamente no momento e aproveita o momento presente também pode se desapegar dele. Pois não se pode desapegar da vida não vivida.

Portanto, viver a despedida também significa dizer adeus às muitas coisas de que você acha que precisa. Quem vive em despedida pode simplesmente viver, descobrir e valorizar a preciosidade daquilo que é limitado. O estilo de vida simples não é um sinal de pobreza ou falta de imaginação. Ele tem uma qualidade própria. A simplicidade leva ao contentamento, a uma beleza e a uma clareza da vida. Dessa forma, a despedida do muito leva a uma vida mais intensa. A vida simples possibilita uma vida em harmonia comigo mesmo. Pois "simples" (em grego *haplous*) é, para a filosofia estoica, a condição de ser um consigo mesmo, de estar unido a si próprio, de superar o tumulto interno entre seus muitos desejos e necessidades e entrar em harmonia consigo mesmo.

João Felizardo fica feliz no final do conto de fadas, depois de ter perdido tudo, simplesmente porque está vivo. Ele dança de tanta alegria. Percebe que não é o que ele tem que o faz feliz, mas o que ele é. Ele é a vida. Ele percebe o mistério da vida de uma nova maneira: a vida é uma dádiva. E a melhor atitude em relação ao dom da vida é a gratidão. A psicóloga suíça Verena Kast diz que os sentimentos de gratidão também nos ajudam a garantir que aquilo que não foi bom em nossa vida não se espalhe excessivamente por nossas lembranças. Quem é grato, também diante de outras pessoas, com a consciência do quanto lhes deve, supera também os limites do ego. E também é modesto. Quem é grato pode viver com pouco. Percebe cada momento com gratidão. Simplesmente vive.

Conclusão

Porta para uma nova liberdade

As muitas experiências de despedida e situações de despedida que consideramos neste livro nos mostram que viver em despedida faz parte da essência de nossa existência humana. A despedida dói, por isso é compreensível que muitos reprimam esse tema da vida. Outros não conseguem encará-lo porque seus pais se despediram deles muito cedo e os deixaram sozinhos. Assim, eles precisam reprimir cada despedida; carregam dentro de si uma criança abandonada que sempre grita quando se trata de uma despedida. Outros reprimem a despedida por não se enraizarem em lugar algum e não se sentirem em casa em lugar algum, ou por não se conectarem de forma alguma, nem com pessoas, nem com coisas ou lugares.

A despedida dói. Mas a despedida também possibilita algo novo, abre uma porta para novos mundos. Quando me despeço do antigo lar, posso desenvolver novas possibilidades no novo lar. O novo pode crescer em mim. E quando eu me despeço de algumas pessoas, posso encontrar novas pessoas com as quais posso criar um relacionamento ou então posso entrar em um relacionamento mais intenso comigo mesmo. Não existe vida sem despedida, mas também não existe vida sem relacionamento, sem conexão. Viver em despedida significa viver nessa tensão entre os dois polos: por um lado, conectar-se às pessoas, aos lugares, às coisas, a nós mesmos; mas, por outro, também sempre voltar a se desapegar, para que as conexões não se tornem um vínculo que nos prenda e nos restrinja. Para que continuemos a crescer é preciso sempre dizer adeus às situações que nos impedem de crescer.

Nos muitos aspectos da vida em despedida que descrevi neste livro, ficou nítido que a despedida, em última análise, esconde um mistério. Ao refletirmos sobre a despedida, somos conduzidos para dentro do mistério de nossas vidas. Afinal, não podemos definir esta vida em termos racionais. Todas as palavras e imagens que tentam explicar a vida em sua tensão entre aceitar e deixar ir, de estar conectado e dizer adeus, de romper e partir para algo novo, no final das contas desaguam no mistério. Nossa vida, com as muitas despedidas que ela nos traz, permanece, em última instância, um mistério. E, nesse mistério, sentimos algo do mistério de Deus. Karl Rahner entendeu isso quando falou de Deus como o mistério absoluto, mas também de nossa vida como o anseio de encontrar cada vez mais pistas sobre esse mistério.

Algo do mistério de nossas vidas e do mistério da despedida torna-se palpável no famoso poema de Herrmann Hesse: *Stufen* [Etapas]. Hesse pressupõe que viver em despedida e viver bem estão relacionados. Assim ele descreve:

> Como toda flor fenece e toda juventude/
> À idade se curva, floresce cada etapa da vida,/
> Floresce cada sabedoria, também, e toda virtude/
> A seu tempo, e não pode para sempre durar./
> O coração, a cada chamado da vida,/
> Deve estar pronto para a despedida e para recomeçar.

De acordo com Hesse, um dos essenciais aspectos atemporais da despedida é a lei vital do morrer e do tornar-se, que nos mostra: tudo muda. Nada permanece fixo. Em seguida, ele fala sobre o chamado da vida que nos convida à despedida. Se nos deixássemos inspirar pela linguagem da Bíblia, diríamos: sempre que Cristo me chama – ou, na linguagem psicológica de C.G. Jung –, sempre que meu si-mesmo interior me dá um novo impulso, é preciso dizer adeus para que eu possa recomeçar e entrar em um novo vínculo. A despedida é, portanto, organizada em função do novo, que quer chegar à vida em mim. Ele sempre possibilita um começo em minha vida. E todo início tem sua própria magia. Faz parte da vida que sempre passemos por novos espaços e não nos fixemos definitivamente em nenhum lugar. Sem esses constantes recomeços, nossa vida se tornaria estagnada e enrijecida em forma de rotina. Para Hesse, a morte também não é um fim, mas uma partida para uma nova vida:

> Somente quem estiver pronto para a jornada
> Conseguirá se libertar do hábito sonolento.
> Talvez nos mande a hora da morte,
> Ainda jovens, para uma nova partida
> Nunca nos abandonará o chamado da vida...
> Avante, pois, coração, diz adeus e segue forte![7]

Dizer adeus é, portanto, a condição para uma vida que se torna sã. É evidente que "saudável", assim compreendido, não é uma normatização, nem significa que eu não possa ficar doente. "Saudável" significa antes: viver em harmonia comigo mesmo, com minha essência interior. Só entro em harmonia comigo mesmo quando ouço o "chamado da vida" – em termos cristãos, quando ouço o chamado de Deus, os impulsos silenciosos que Deus me faz sentir em minha alma. Não devemos nos despedir arbitrariamente, mas somente quando ouvirmos o chamado interior para isso. Mas também temos que nos despedir se quisermos viver em harmonia com nossa essência e se tiver que florescer em nós aquilo que Deus nos deu na forma de possibilidades. Assim, a despedida pode se tornar a porta para uma liberdade nova e maior.

> A despedida, por fim, esconde um segredo.
> Ao refletirmos sobre a despedida, somos conduzidos
> para dentro do mistério de nossas vidas.

---

7. Tradução de Karin Bekk de Araújo (2003) [N.T.].

Referências

ALZHEIMER G.B. (org.). *Abschied vom Ich:* Stationen der Alzheimer-Krankheit. Freiburg: Herder, 1992.

ANGSTMANN, G. *Abschiednehmen will gelernt sein:* Chancen zum Neubeginn. Freiburg: Herder, 1988.

APOPHTEGMATA Patrum/ Weisung der Väter. Trad. (alemão) de Bonifaz Miller. Trier: Paulinus, 1965.

ARAUJO, K.B. Tradução do poema *Stufen* (1941), de Hermann Hesse (1877-1962). *Língua e Literatura*, n. 27, p. 409-410, out. 2003. Disponível em: https://www.revistas.usp.br/linguaeliteratura/article/view/105513/104171. Acesso em 28 jul. 2023.

BOSTRIDGE, I. *Schuberts Winterreise*: Lieder von Liebe und Schmerz. Munique: C.H. Beck, 2015.

CHARDIN, P.T. *Der göttliche Bereich*: Ein Entwurf des inneren Lebens. 3. ed. Freiburg: Walter, Olten, 1963.

DOMIN, H. *Gesammelte Gedichte*. Frankfurt a. M.: Fischer, 1987.

GASPER, H.; MÜLLER, J.; VALENTIN, F. (orgs.). *Lexikon der Sekten, Sondergruppen und Weltanschauungen*: Fakten, Hintergründe, Klärungen. Freiburg: Herder, 1990.

GEISSLER, K.A. *Über das Gehen, das Beenden und das Loslassen*. Discurso de despedida de 20 dez. 2006. Impressão própria, Munique, 2007.

GRÜN, A. *Verwandle deine Angst*: Ein Weg zu mehr Lebendigkeit – Spirituelle Impulse. Freiburg: Herder, 2006.

GRÜN, A. *Was will ich?* Mut zur Entscheidung. Münsterschwarzach, 2013.

GRÜN, A. *Was gutes Leben ist*: Orientierung in herausfordernden Zeiten. Freiburg: Herder, 2020.

GRÜN, A. *Der Weg ins eigene Herz*: Wie Leben gelingt – Geschichten aus den Weltreligionen. Freiburg, 2020.

GRÜN, A. *Im Wandel wachsen*: Wie wir freier, authentischer, gelassener und hoffnungsvoller werden können. Freiburg: Herder, 2022.

GÜLKE, P. *Musik und Abschied*. 4. ed. Kassel: Bärenreiter, 2015.

HAKE, J. *Abschiede und Anfänge*: Notizen. St. Ottilien: Eos, 2015.

HESSE, H. *Das Lied des Lebens*: Die schönsten Gedichte. Frankfurt a. M.: Suhrkamp, 1986.

HESSE, H. *Ausgewählte Werke*. Vol. Frankfurt a. M.: Suhrkamp, 1994.

KAST, V. *Abschied von der Opferrolle*. Freiburg: Herder, 2019.

KUNZE, R. *Die stunde mit dir selbst*. Frankfurt: S. Fischer, 2018.

NOOTEBOM, C. *Abschied*: Gedicht aus den Zeiten des Virus. Zweisprachige Ausgabe. Trad. (alemão) de Ard Posthuma. Berlim: Suhrkamp, 2021.

PESSOA, F. *Alberto Caeiro – Dichtungen, Ricardo Reis – Oden*. Zürich: Ammann, 1986.

PFAU, R.WALTER, R. (orgs.). *Leben ist anders*. Freiburg: Herder, 2016.

PFLÜGER, P.M. (org.). *Abschiedlich leben*: Umsiedeln – Entwurzeln – Identität suchen. Freiburg: Walter, Olten, 1991.

REIS, R. Não tenhas nada nas mãos. *Arquivo Pessoal*. Disponível em: http://arquivopessoa.net/textos/737. Acesso em 28 jul. 2023.

RUHE, H.G. *Abschied*: Ein Lesebuch. Munique: Kösel, 1986.

SCHERER, R. (org.). *Christlicher Glaube in moderner Gesellschaft, Quellenband 6*: Im Angesicht des Todes leben. Freiburg: Herder, 1983.

SCHERF, H.; KEIL, A. *Das letzte Tabu*: Über das Sterben reden und den Abschied leben lernen. Freiburg: Herder, 2016.

SCHÜNEMANN, P. *Lauter Abschiede*: Ein Lesebuch. Munique: C.H. Beck, 1996.

SUDING, K. *Reissleine*: Wie ich mich selbst verlor – und wiederfand, Freiburg: Herder, 2022.

TORBERG, F. *Die Tante Jolesch oder der Untergang des Abendlandes in Anekdoten*. Munique: Langen-Müller, 1977.

WALTER, R. (org.). *Einfach leben. Themenheft:* Wie einfach ist das Leben. Freiburg: Verlag, 2016.

WALTER, R. (org.). *Einfach leben. Themenheft:* Heimatgefühle. Freiburg: Herder, 2019.

WALTER, R. (org.). *Einfach leben. Themenheft:* Älterwerden – wie geht das? Freiburg: Herder, 2022.

WALTER, R.; RAFFELT, A.R. (orgs.). *Christlicher Glaube in moderner Gesellschaft. Quellenband 7*: Auf der Suche nach dem unfassbaren Gott. Com ensaio de Heinz Zahrnt. Freiburg: Herder,1984.

WIESEL, E. *Mit offenem Herzen*: Ein Bericht zwischen Leben und Tod., Freiburg: Herder, 2012.

Conecte-se conosco:

f   facebook.com/editoravozes

◎   @editoravozes

𝕏   @editora_vozes

▶   youtube.com/editoravozes

◯   +55 24 2233-9033

www.vozes.com.br

Conheça nossas lojas:

www.livrariavozes.com.br

Belo Horizonte – Brasília – Campinas – Cuiabá – Curitiba
Fortaleza – Juiz de Fora – Petrópolis – Recife – São Paulo

EDITORA VOZES LTDA.
Rua Frei Luís, 100 – Centro – Cep 25689-900 – Petrópolis, RJ
Tel.: (24) 2233-9000 – E-mail: vendas@vozes.com.br